Controladoria

CONTABILIDADE E AUDITORIA

Controladoria

Betovem Coura
Vera Bermudo

Copyright © 2018 Betovem Coura; Vera Bermudo

Direitos desta edição reservados à
EDITORA FGV
Rua Jornalista Orlando Dantas, 37
22231-010 | Rio de Janeiro, RJ | Brasil
Tels.: 0800-021-7777 | 21-3799-4427
Fax: 21-3799-4430
editora@fgv.br | pedidoseditora@fgv.br
www.fgv.br/editora

Impresso no Brasil / *Printed in Brazil*

Todos os direitos reservados. A reprodução não autorizada desta publicação, no todo ou em parte, constitui violação do copyright (Lei nº 9.610/98).

Os conceitos emitidos neste livro são de inteira responsabilidade dos autores.

1ª edição – 2018; 1ª reimpressão – 2022.

PREPARAÇÃO DE ORIGINAIS: Sandra Frank
EDITORAÇÃO ELETRÔNICA: Abreu's System
REVISÃO: Aleidis de Beltran | Fatima Caroni
CAPA: aspecto:design

Ficha catalográfica elaborada pela
Biblioteca Mario Henrique Simonsen/FGV

Coura, Betovem
 Controladoria / Betovem Coura, Vera Bermudo. – Rio de Janeiro: FGV Editora, 2018.
 144 p.

 Publicações FGV Management.
 Área: Contabilidade e auditoria.
 Inclui bibliografia.
 ISBN: 978-85-225-1976-7

 1. Controladoria. 2. Controle organizacional. 3. Preço de transferência. I. Bermudo, Vera. II. FGV Management. III. Fundação Getulio Vargas. IV. Título.

CDD – 658.151

*Aos nossos alunos e colegas docentes,
fontes de inspiração e alavancadores do nosso
crescimento acadêmico, profissional e pessoal.*

Sumário

Apresentação	9
Introdução	13
**1	Sistemas de controle gerencial**	**15**
O que é controladoria	15
O sistema de controle gerencial	18
O *controller*	24
Os pilares da controladoria	27
O controle gerencial e o comportamento humano	31
O processo de controle gerencial	38
Resumo do capítulo	41
**2	O impacto da estrutura organizacional no controle**	**43**
Estruturas organizacionais: unidades de negócio e funcional	43
Estrutura matricial	52
Centros de responsabilidade e contas contábeis	60
Custos para gestão de produtos *versus* custos para controle	67
Resumo do capítulo	68
**3	Preço de transferência: aplicações gerenciais**	**71**
Conceituação e propósito	71
Preço de transferência baseado no mercado	75

Preço de transferência negociado	78
Preço de transferência baseado nos custos	80
Preço de transferência duplo	84
Situação ideal para a implantação do preço de transferência	89
Preço de transferência em unidades de serviço	91
Resumo do capítulo	100
**4	Análise de relatórios de desempenho financeiro**	**103**
Contextualizando possíveis causas das variações	103
Ferramentas de análise dos relatórios financeiros	105
Análise da variação da receita	116
Resumo do capítulo	132
Conclusão	**135**
Referências	**137**
Autores	**141**

Apresentação

Este livro compõe as Publicações FGV Management, programa de educação continuada da Fundação Getulio Vargas (FGV).

A FGV é uma instituição de direito privado, com mais de meio século de existência, gerando conhecimento por meio da pesquisa, transmitindo informações e formando habilidades por meio da educação, prestando assistência técnica às organizações e contribuindo para um Brasil sustentável e competitivo no cenário internacional.

A estrutura acadêmica da FGV é composta por nove escolas e institutos, a saber: Escola Brasileira de Administração Pública e de Empresas (Ebape), dirigida pelo professor Flavio Carvalho de Vasconcelos; Escola de Administração de Empresas de São Paulo (Eaesp), dirigida pelo professor Luiz Artur Ledur Brito; Escola de Pós-Graduação em Economia (EPGE), dirigida pelo professor Rubens Penha Cysne; Centro de Pesquisa e Documentação de História Contemporânea do Brasil (Cpdoc), dirigido pelo professor Celso Castro; Escola de Direito de São Paulo (Direito GV), dirigida pelo professor Oscar Vilhena Vieira; Escola de Direito do Rio de Janeiro (Direito Rio), dirigida pelo professor Sérgio Guerra; Escola de Economia de São Paulo (Eesp), dirigida pelo professor Yoshiaki Nakano; Instituto Brasileiro de Economia (Ibre), dirigido pelo professor Luiz Guilherme Schymura de Oliveira; e Escola de Matemática Aplicada (Emap), dirigida pela professora Maria Izabel Tavares Gramacho. São diversas unidades com a marca FGV, trabalhando com a mesma filosofia: gerar e disseminar o conhecimento pelo país.

Dentro de suas áreas específicas de conhecimento, cada escola é responsável pela criação e elaboração dos cursos oferecidos pelo Instituto de Desenvolvimento Educacional (IDE), criado em 2003, com o objetivo de coordenar e gerenciar uma rede de distribuição única para os produtos e serviços educacionais produzidos pela FGV, por meio de suas escolas. Dirigido pelo professor Rubens Mario Alberto Wachholz, o IDE conta com a Direção de Gestão Acadêmica (DGA), pelo professor Gerson Lachtermacher, com a Direção da Rede Management pelo professor Silvio Roberto Badenes de Gouvea, com a Direção dos Cursos Corporativos pelo professor Luiz Ernesto Migliora, com a Direção dos Núcleos MGM Brasília, Rio de Janeiro e São Paulo pelo professor Paulo Mattos de Lemos, com a Direção das Soluções Educacionais pela professora Mary Kimiko Magalhães Guimarães Murashima. O IDE engloba o programa FGV Management e sua rede conveniada, distribuída em todo o país e, por meio de seus programas, desenvolve soluções em educação presencial e a distância e em treinamento corporativo customizado, prestando apoio efetivo à rede FGV, de acordo com os padrões de excelência da instituição.

Este livro representa mais um esforço da FGV em socializar seu aprendizado e suas conquistas. Ele é escrito por professores do FGV Management, profissionais de reconhecida competência acadêmica e prática, o que torna possível atender às demandas do mercado, tendo como suporte sólida fundamentação teórica.

A FGV espera, com mais essa iniciativa, oferecer a estudantes, gestores, técnicos e a todos aqueles que têm internalizado o conceito de educação continuada, tão relevante na era do conhecimento na qual se vive, insumos que, agregados às suas práticas, possam contribuir para sua especialização, atualização e aperfeiçoamento.

Rubens Mario Alberto Wachholz
Diretor do Instituto de Desenvolvimento Educacional

Sylvia Constant Vergara
Coordenadora das Publicações FGV Management

Introdução

No mundo corporativo contemporâneo, é comum que as empresas queiram crescer para ganhar economia de escala e poder de barganha, porém potência não é nada sem controle, e para dar suporte ao crescimento, a controladoria, um ramo da contabilidade gerencial, foi criada com o objetivo de apoiar o processo decisório das empresas e de suas unidades de negócio.

O objetivo deste livro é analisar o que ajuda na transformação da estratégia em medidas táticas e operacionais que gerem valor para a empresa. Para cumprir esse objetivo, o livro está estruturado em quatro capítulos.

O primeiro capítulo trata de conceitos importantes da controladoria. Buscaremos, inicialmente, analisar essa ciência e o que são os sistemas de controle gerencial. Vamos discutir o papel do *controller*, maior executivo da área, suas funções e as estruturas de controladoria mais comuns. Em seguida, vamos abordar os pilares da controladoria: apoio à implantação da estratégia com alto nível de governança corporativa. Vamos também entender o impacto do controle gerencial no comportamento humano, fechando o capítulo com a definição do processo de controle gerencial.

O segundo capítulo aborda o impacto das estruturas empresariais no controle, analisando os modelos de unidade de negócios, funcional e matricial, tratando dos seus pontos fortes e fracos em termos de controladoria. Em seguida trataremos de duas variáveis extremamente importantes para qualquer bom sistema de controle gerencial: as contas contábeis e os centros de responsabilidade, aprofundando nosso estudo nos últimos, definindo centros de custo, de receita, de lucro (ou de resultado) e de investimento. Vamos terminar o capítulo abordando a diferença entre a contabilidade de custos para gestão de produtos e para controle, colocando em prática o princípio da *accountability*.

No terceiro capítulo, trataremos das aplicações gerenciais do preço de transferência. Nosso objetivo aqui é esclarecer como transformar centros de custo em centros de pseudolucro com essa ferramenta, melhorando consideravelmente o controle. Vamos analisar quatro tipos de preço de transferência: baseado no mercado, negociado, baseado nos custos e duplo. Trataremos também da situação ideal para implantar essa técnica de gestão e fecharemos o capítulo mostrando como ela pode ser utilizada para a área de serviços, melhorando, por exemplo, a gestão e o controle de centros de serviço compartilhado.

No quarto e último capítulo, abordaremos uma das funções mais importantes de um bom *controller:* a análise de desempenho dos relatórios financeiros. Enquanto a área de planejamento define as estratégias e os orçamentos, atuando antes do fato, a controladoria atua depois do fato ocorrido, verificando se o que foi planejado está sendo cumprido e se o orçamento está sendo suficiente, alimentando a empresa com informações para, se for o caso, realizar a correção de rumo. Vamos analisar o princípio da normalização dos relatórios financeiros, tirando os efeitos do realizado que não são responsabilidade do executivo que controla o orçamento. Este é uma ferramenta de estímulo e sua primeira premissa é que precisa ser justo. Um orçamento fácil demais ou difícil demais perde sua principal função, que é estimular o comportamento. Para tal objetivo, o livro propõe como aprender a explicar as variações entre o real e o orçado da receita.

1
Sistemas de controle gerencial

Neste capítulo, abordaremos o que é controladoria e seus pilares, qual é a função do *controller*, e como a controladoria impacta o comportamento humano na tentativa de criar congruência de objetivos, ou seja, fazer com que objetivos corporativos e pessoais possam convergir. Vamos abordar a estreita ligação da estratégia com o controle, compreendendo o processo de controle gerencial. Com isso, formaremos um arcabouço teórico importante para a compreensão do conteúdo do livro.

O que é controladoria

Diferentemente do que algumas pessoas entendem, o *controller* não é o gerente contábil. Modernamente falando, a contabilidade financeira faz parte da controladoria, mas esta segunda tem funções muito mais gerenciais do que a primeira.

Segundo Anthony e Govindarajan (2002:6), "o controle gerencial é o processo pelo qual os executivos influenciam outros membros da organização a obedecer às estratégias adotadas pela empresa".

Portanto, a controladoria é a área da empresa responsável por projetar, atualizar e garantir a eficiência e confiabilidade dos mecanismos que darão suporte à implantação da estratégia. Dois pontos têm destaque importante aqui: a estratégia e o controle.

Antes do controle vem a estratégia

A construção da estratégia é função da área de planejamento. A área de controle verifica se a estratégia está sendo cumprida e se os recursos estão sendo bem gastos, alimentando a empresa com informação para corrigir rumos, quando for necessário.

Como a controladoria tem a função de medir o quão perto ou longe a empresa está da sua estratégia, não faz sentido criar um mecanismo de controle sem ter primeiro uma boa estratégia.

Logo, é preciso saber aonde a empresa quer chegar (estratégia) antes de criar mecanismos para avaliar se está chegando lá ou não (controle). Se uma empresa tem um sistema de controle muito eficiente, mas uma estratégia equivocada, ela só conseguirá errar mais rápido.

Como verificamos na figura 1, as etapas do processo de planejamento e controle gerencial, de acordo com Anthony e Govindarajan (2002), são:

- *Planejamento estratégico*. Processo pelo qual são decididos os principais programas que a organização pretende adotar para implementar e manter suas estratégias e os volumes de recursos que serão aplicados em cada programa. Esse plano estratégico cobre um período futuro de vários anos.
- *Orçamento*. Plano para um período específico, geralmente um ano. As receitas e gastos correspondem aos centros de responsabilidade, mostrando os objetivos de cada executivo.
- *Execução de programas*. Etapa em que, durante o ano, os executivos cumprem parcialmente, ou integralmente, o que foi programado.

- *Avaliação de programas.* Fase em que é informada a evolução dos programas por meio de relatórios nos quais são comparados os valores reais com os valores orçados.

Figura 1
Planejamento e controle gerencial

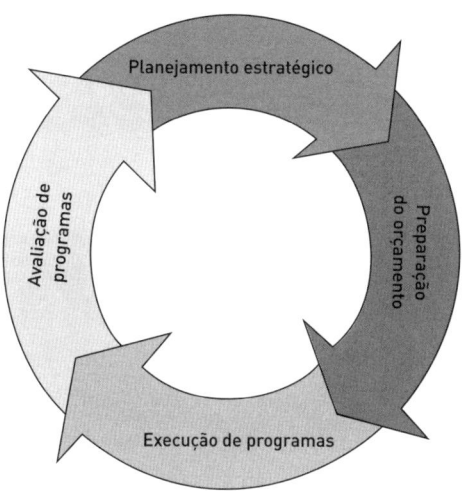

A controladoria não é uma área decisória, mas sim de suporte à decisão

A figura 2 mostra a cabine de um avião, com seus diversos mecanismos de controle. Nela, o piloto confere altura, velocidade, pressão interna, temperatura e uma série de outros fatores que são importantes para que o avião cumpra sua estratégia: chegar em segurança a seu destino.

Porém, apesar de o sistema de controle dar informações para a tomada de decisão, o piloto é o comandante e terá o bônus e o ônus pela decisão que tomar.

Assim é, ou deveria ser, o sistema de controle em uma empresa. A controladoria é responsável por projetar e executar os mecanismos de controle e não pela decisão, que é função do gestor da unidade.

Figura 2
A cabine de um avião: um sistema de controle

O sistema de controle gerencial

Para podermos gerenciar uma companhia, é necessário um sistema de controle, sendo este um mecanismo que afere o quanto estamos perto ou longe da estratégia.

Guerreiro (1999) define a empresa como um sistema aberto, porque recebe recursos, informações, tecnologia etc., tanto internamente quando externamente, e os processa, entregando produtos ou serviços.

O objetivo de um sistema de controle é entender se a empresa está sendo eficiente e eficaz no cumprimento da sua estratégia. Portanto, antes de analisar características dos sistemas de controle, vamos examinar os conceitos de eficiência e eficácia.

Definindo eficiência e eficácia

Uma empresa só consegue ter longevidade se for eficiente e eficaz ao mesmo tempo. Existem várias definições para eficiência e eficácia, porém, vários autores associam eficiência a uso de recursos e a processos, e eficácia ao resultado, à entrega esperada, ao cumprimento da missão.

Guerreiro (1999:91) define eficiência como "o consumo ótimo de recursos, dados os volumes de produção", e eficácia pode ser definida como a capacidade da empresa de cumprir sua missão. Uma empresa que é mais eficiente tem maior produtividade, utiliza melhor os recursos que possui, porém apenas o ganho de produtividade não é garantia de sucesso.

Imagine um médico que aprendeu na faculdade um protocolo de traqueostomia, um procedimento clínico de emergência onde um furo é feito na parte da frente do pescoço e na traqueia. Este médico, ao se formar, foi trabalhar em um hospital de um país bem pobre. Um paciente chegou ao hospital com parada cardiorrespiratória e com obstrução na via respiratória superior. Para tratar o paciente, o médico precisou fazer uma traqueostomia, mas não tinha os equipamentos corretos para fazê-la. Para salvar o paciente, o médico retirou a caneta que estava no seu bolso, retirou a carga e usou a caneta para fazer o procedimento, salvando a vida do paciente. Esse médico foi eficiente ou eficaz?

Ele foi eficaz. Quer dizer, o resultado foi o esperado, mas o processo não foi o correto. Lamentavelmente, nem sempre dispomos dos recursos necessários para fazer alguma coisa e, então, precisamos improvisar.

Agora imagine que esse médico tenha se mudado para um país muito desenvolvido e foi trabalhar em um hospital de referência. Deu entrada no hospital um paciente com o mesmo perfil do paciente citado no exemplo anterior, e o médico foi fazer traqueostomia.

Com todos os equipamentos necessários em mãos, conhecimento adquirido na faculdade de medicina e experiência, o médico fez uma traqueostomia impecável, digna de ser filmada, para ser usada como exemplo para estudantes de medicina. Porém, infelizmente, o paciente faleceu. O médico foi eficiente ou eficaz?

Ele foi eficiente. Nem sempre nós dominamos todas as variáveis, e o resultado pode não ser o esperado, mesmo que você faça todo o processo correto e tenha todos os recursos necessários à mão.

Uma empresa só consegue ser bem-sucedida se for eficiente e eficaz ao mesmo tempo.

Alguns autores contemporâneos têm advogado fervorosamente em prol da eficácia, mas esquecendo a importância, talvez na mesma medida, da eficiência. Alguns dizem: o importante não é como fazemos, mas sim obter o resultado esperado.

Vamos refletir com um exemplo...

Imagine um turista europeu que veio ao Brasil passar férias. Esse turista perdeu seus óculos logo no início da viagem e resolveu fazer outro em uma ótica brasileira. Chegando à ótica, tudo deu errado: o europeu foi mal atendido, esperou demais, o preço foi exorbitante e, para concluir, quando ele foi buscar os óculos que encomendou, a especificação era completamente diferente da que ele tinha comprado: grau diferente, armação errada etc. Ele exigiu o dinheiro de volta, mas o funcionário que o havia atendido disse que não era possível.

O turista voltou para seu país de origem com a pior impressão possível sobre o que aconteceu e disse que nunca mais compraria nada naquela ótica.

O dono da ótica descobriu o fato e mandou fazer os melhores óculos possíveis. Atravessou o Atlântico e foi até a Europa tentar desfazer a imagem ruim que sua empresa deixara no turista. Chegando até a casa do cliente, entregou os óculos, devolveu o dinheiro, dizendo que os óculos seriam um presente, e convidou o europeu e sua família para almoçar, em desculpa pelo transtorno.

O turista ficou muito satisfeito com os óculos novos e terminou ficando impressionado com o que o dono da ótica tinha feito, achando que o erro tinha sido um fato isolado e que a empresa era ótima.

Bom, ao final das contas, a empresa foi eficaz, contornando os problemas e entregando exatamente o que o cliente queria, não foi? Sim, porém, não foi eficiente. O processo estava completamente equivocado. Se o dono precisar viajar para a Europa várias vezes para entregar um produto/serviço malfeito, a empresa provavelmente irá falir. Portanto, a solução definitiva passa por otimizar o processo (ser eficiente).

Em resumo, para garantir geração de valor no longo prazo, além de eficaz a empresa também precisa ser eficiente. A eficiência não garante a eficácia "caso a caso", porém as empresas mais eficientes são, na média, mais eficazes.

Para fazer uma atividade, um produto ou um serviço, quanto menos recursos a empresa utilizar, mais eficiente será, desde que observados os critérios exigidos de qualidade e as necessidades impostas pela legislação. Portanto, a eficiência está associada às entradas do "sistema empresa". Por outro lado, se a empresa for capaz de atender às expectativas dos clientes, entregando o produto ou serviço correto ao cliente correto, será eficaz, sendo premiada pela preferência do consumidor. Ou seja, a eficácia está relacionada com a saída do "sistema empresa". Quando atendemos os clientes com eficácia a um custo razoável (eficiência), estaremos no caminho certo para gerar riqueza, que é a capacidade de criação de valor no longo prazo. As receitas geradas deverão compensar todos os custos incorridos.

Os subsistemas de controle gerencial

Como vimos, um sistema de controle mede o grau de eficiência e eficácia da empresa no cumprimento de sua estratégia. Os sistemas de controle são afetados por seis grupos de variáveis que impactarão enormemente sua construção: são os subsistemas de controle gerencial.

Como adverte Guerreiro (1999:81):

> A empresa é formada por seis subsistemas que trabalham as informações e interagem entre si: crenças e valores, social, organizacional, gestão, informação e físico. São as diferenças entre as empresas nestes subsistemas que fazem os mecanismos de controle tão diferentes.

Subsistema de crenças e valores

Esse subsistema define o pensamento de gestores da empresa, expresso na visão, missão, valores e estratégia. Por exemplo, uma empresa que tem a visão de "ser a maior" é diferente daquela cuja visão é "ser a melhor". Essa diferença irá criar impacto nos sistemas de controle.

Subsistema social

Esse subsistema define o pensamento dos gestores da empresa. Imagine um supervisor, gerente ou diretor de uma empresa que foi convidado a trabalhar em outra, tendo aceitado o convite. Quando ele muda de empresa, leva sua própria forma de pensar e, dentro do que a autonomia do seu cargo permite, ele muda a forma de controlar. Por exemplo, para o gestor antigo, o tempo de dedicação ao trabalho dos funcionários era importante e ele exigia que os funcionários chegassem cedo e saíssem tarde. Para controlar o tempo ele colocou um relógio de ponto (que é um subsistema de controle). Porém, para o novo, o tempo não tem muita importância, mas sim o atingimento das metas de cada funcionário. Você percebe que o relógio de ponto parou de ter sentido nesse cenário?

Subsistema organizacional

Esse subsistema refere-se à estrutura organizacional da empresa, estando associado à forma como a empresa agrupa suas diversas atividades em departamentos, à definição da amplitude administrativa, ao grau de descentralização desejável, ao problema de autoridade e responsabilidade, entre outros diversos aspectos relacionados. No segundo capítulo deste livro, trataremos especificamente do impacto das estruturas organizacionais no controle.

Subsistema de gestão

Este subsistema caracteriza-se como o processo administrativo ou processo de planejamento, execução e controle das atividades empresariais. Dependendo de como a empresa compre, estoque, armazene, produza, distribua etc., precisará de mecanismos de controle diferentes.

Subsistema de informação

Este subsistema caracteriza-se pelos *softwares* da empresa.

Imagine, leitor, que sua empresa seja muito grande, do porte de uma Vale, Petrobras ou Banco do Brasil, e que use, para fazer seus controles, o Excel. Por melhor que seja seu treinamento em técnicas de controladoria você terá a capacidade de implantação das suas ideias bastante limitada por falta de um sistema condizente com o tamanho da organização. O que é bem diferente de empresas que usam sistemas robustos e tecnologicamente reconhecidos por seu estado da arte.

Subsistema físico

O subsistema físico caracteriza-se pelos *hardwares* da empresa. Para exemplificar, vamos imaginar uma empresa de treinamento que detém todo um edifício e que o gasto de luz do prédio é cobrado, integralmente, em uma única conta de luz. Se a empresa quiser saber quanto ela gasta de luz em um curso específico, precisará investir em relógios de luz que medirão os gastos em energia de cada sala. Ou seja, para melhorar o sistema de custeio (que é um tipo de sistema de controle) a empresa deverá investir em subsistema físico que modificará um sistema de controle.

O *controller*

A função do *controller*

O *controller* é o principal executivo da controladoria. Segundo Anthony e Govindarajan (2002) suas funções são:

- reunir e operar informações e projetar sistemas de controle;
- preparar demonstrações e relatórios financeiros e não financeiros;

- preparar e analisar relatórios de desempenho e auxiliar outros gerentes na interpretação desses relatórios, analisando programas e propostas de orçamento, bem como consolidar os planos de vários setores da empresa no orçamento anual;
- supervisionar os procedimentos contábeis e das auditorias interna e externa, para assegurar a validade das informações, estabelecer adequadas salvaguardas contra furtos e desfalques e executar auditorias operacionais;
- desenvolver a capacidade do pessoal de sua área e participar do aperfeiçoamento do pessoal de nível gerencial em assuntos relativos à função de controladoria.

Uma das funções mais importantes do *controller* é a de educar. Ninguém aceita uma métrica que não compreende. Muitos excelentes sistemas de controle já fracassaram porque os gestores não tiveram maturidade e treinamento adequado para entendê-los.

Tipos de subordinação da controladoria

Tratando do grau de subordinação do *controller*, em geral observamos dois tipos mais comumente utilizados, de acordo com Coura e Pavan (2014), conforme pode ser visualizado na figura 3.

No tipo 1 de subordinação, o *controller* da unidade se reporta diretamente ao gerente da unidade de negócios na qual opera, que pode ser, por exemplo, o CEO ou o CFO, dependendo da estrutura hierárquica da companhia, e indiretamente para o *controller* na matriz.

Nesse tipo de subordinação é usual o *controller* da unidade ser visto como um parceiro do negócio, mas o *controller* da matriz pode pôr à prova as práticas, a fidelidade à companhia e a integridade do *controller* da unidade por meio de auditorias internas regulares.

Figura 3
Tipos de subordinação do controller

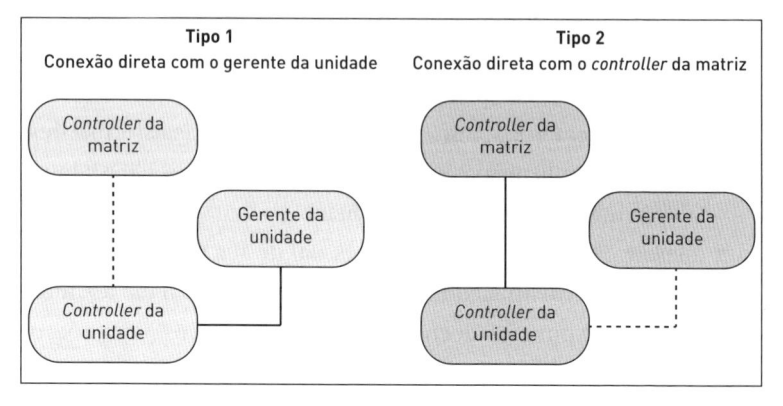

Tipo 1
Conexão direta com o gerente da unidade

- Controller da matriz
- Gerente da unidade
- Controller da unidade

Tipo 2
Conexão direta com o controller da matriz

- Controller da matriz
- Gerente da unidade
- Controller da unidade

Fonte: Coura e Pavan (2014).

No tipo 2 de subordinação, o *controller* da unidade se reporta diretamente ao *controller* da matriz e indiretamente ao gerente da unidade de negócios. É comum, nesse tipo de subordinação, que não haja auditoria interna, ou que pelo menos estas não sejam frequentes, a fim de atestar se o trabalho do *controller* da unidade está sendo executado de forma satisfatória, dado que ele se reporta diretamente ao *controller* da matriz. Poderemos, porém, observar algum tipo de conflito do *controller* da unidade com outras áreas, incluindo o gerente da unidade, posto que pode ser percebido como um "espião" do *controller* da matriz, sendo requerido, nesse caso, que ele lance mão de suas habilidades interpessoais a fim de que consiga se relacionar bem na organização, em comunhão com as demais áreas, e desempenhar suas atividades com sucesso.

Os pilares da controladoria

Em controladoria, há dois pilares cruciais que precisam ser observados, visando garantir o sucesso na tomada de decisões, sendo eles: (1) criação de mecanismos de alinhamento com a estratégia; e (2) boa governança corporativa. A falha em um desses dois pilares, que são responsáveis pela efetividade da controladoria, será a causa raiz da derrocada dos objetivos estabelecidos para a área.

Tratemos primeiramente do alinhamento com a estratégia. Em Coura e Pavan (2014), vemos que o processo de controle gerencial nas empresas começa no planejamento estratégico, processo pelo qual a empresa decide quais são os principais programas nos quais irá investir nos próximos anos, passando pelo orçamento, que é a expressão mais quantitativa e, geralmente, feita para prazos menores que o planejamento estratégico, associando tarefas, e correspondentes recursos financeiros, a pessoas que terão responsabilidade e autoridade para cumpri-las. O processo de controle gerencial, ainda segundo os autores, finaliza com a avaliação de relatórios que comparam o que deveria ter acontecido (orçado) com o que realmente aconteceu (real) para que a empresa possa criar mecanismos de incentivo associados à performance dos funcionários.

Dessa forma, a missão primária do *controller*, dado que toda empresa tem restrições de recursos financeiros ou não financeiros, como pessoas e tempo, é garantir que os sistemas de controle gerencial sejam elaborados no sentido de obedecer à estratégia determinada, convertendo-a em realidade.

É necessário frisar, no entanto, que um excelente mecanismo de controle com uma estratégia errada só fará com que a empresa rume, com maior velocidade, na direção equivocada.

Tratando do segundo pilar da controladoria, o *controller* precisa garantir que boas práticas de governança corporativa sejam estabelecidas objetivando o alinhamento dos interesses dos indivíduos e os da organização, ao que chamamos de congruência de objetivos. O IBGC (2015:19), em publicação específica, assim define governança corporativa:

O sistema pelo qual as empresas e demais organizações são dirigidas, monitoradas e incentivadas, envolvendo os relacionamentos entre sócios, conselho de administração, diretoria, órgãos de fiscalização e controle e demais partes interessadas.

As boas práticas de governança corporativa convertem princípios básicos em recomendações objetivas, alinhando interesses com a finalidade de preservar e otimizar o valor econômico de longo prazo da organização, facilitando seu acesso a recursos e contribuindo para a qualidade da gestão da organização, sua longevidade e o bem comum.

Os princípios básicos que regem uma boa governança corporativa são: transparência, equidade, prestação de contas e responsabilidade corporativa, conforme ilustrado na figura 4.

Figura 4
Princípios básicos da boa governança corporativa

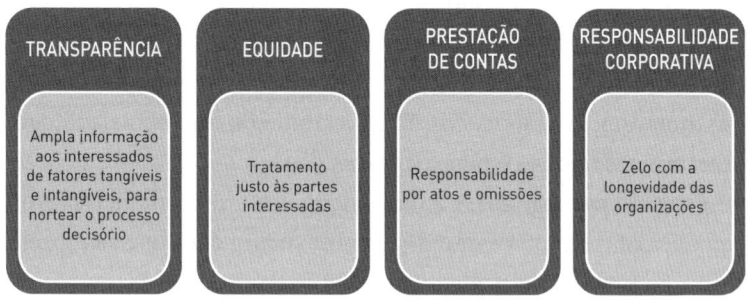

Fonte: Bermudo e Vertamatti (2015), criado a partir da publicação do IBGC (2009).

Por transparência entende-se o desejo de disponibilizar informações às partes interessadas na organização, o que vai muito além do simples cumprimento do que é demandado por leis/regulamentos, para que possam tomar melhores decisões, alinhadas com seus anseios.

A equidade está relacionada ao tratamento uniforme e justo oferecido às partes interessadas, levando em consideração seus direitos, deveres e expectativas.

A prestação de contas, também conhecida como *accountability*, segundo o IBGC (2015) refere-se ao fato de que os agentes da organização precisam demonstrar sua atuação de modo claro, conciso e tempestivo, assumindo as consequências de seus atos e omissões e atuando com diligência e responsabilidade no âmbito de seus papéis.

A responsabilidade corporativa, por sua vez, refere-se ao fato de que os agentes de governança devem zelar pela viabilidade econômico-financeira das organizações.

Coura e Pavan (2014), contudo, usam uma definição mais aplicada ao controle para o termo *accountability* definindo que toda a responsabilidade, ou seja, o mecanismo de controle, precisa vir acompanhada de autoridade e adequada remuneração.

Um indivíduo somente será *accountable*, ou seja, realmente imputável, caso detenha responsabilidade e poder e que ele perceba que sua remuneração está alinhada com o resultado de seu desempenho.

Supondo que a remuneração seja adequada, já que esse tópico é bem complexo e poderíamos escrever um capítulo apenas sobre ele, trataremos *accountability* como o princípio da responsabilidade com autoridade. Isso quer dizer que nenhuma pessoa deveria ser responsável por algo que não tem autoridade para influenciar e que também um executivo não deveria ter autoridade sobre algo pelo qual não é responsável. Essa definição de *accountability* como sendo o princípio da responsabilidade com autoridade será a definição utilizada neste livro daqui por diante.

Um exemplo ajuda a entender o conceito de *accountability*. Imagine, leitor, que estão ocorrendo muitos assaltos em um prédio. Os moradores contratam um porteiro e dizem: "Você foi contratado com a responsabilidade de diminuir o número de assaltos no edifício". Logo em seguida completam: "Mas você não tem autoridade para 'barrar' ninguém". Há sentido? É claro que não. Responsabilidade e autoridade precisam andar juntas.

Por fim, a responsabilidade corporativa pressupõe que os agentes de governança zelem pela longevidade das organizações, buscando, com suas decisões, maximizar a riqueza corporativa no longo prazo.

Silva e colaboradores (2014:5) citam Jensen e Mecklin (1976 e 1994):

> A relação de agência é definida como um contrato pelo qual uma ou mais pessoas – o principal – engajam outra pessoa – o agente – para desempenhar alguma tarefa em seu favor, envolvendo a delegação de poder para tomada de decisão pelo agente. Se ambas as partes procurarem maximizar suas utilidades, pode-se acreditar que o agente não agirá nos melhores interesses do principal, e que o agente tomará decisões que podem expropriar a riqueza do principal.

Logo, o problema de agência que nasce da priorização pelo indivíduo de seus próprios anseios em detrimento dos interesses de terceiros levanta dúvida sobre sua capacidade de garantir as melhores decisões para uma organização.

Assim, em uma organização com alta envergadura em governança corporativa, na qual os princípios de transparência, equidade, prestação de contas e responsabilidade corporativa imperam, esperamos um ambiente que consiga coibir o uso de informações privilegiadas, a manipulação de resultados, fraudes expressivas, conflitos de interesse e lesões financeiras aos diversos interessados na companhia, desde investidores a governo, credores e a própria sociedade, contribuindo, desse modo, para um maior grau de confiabilidade, ampliando as possibilidades de acesso a recursos financeiros a custos mais competitivos e colaborando para um ciclo virtuoso de investimentos capaz de propiciar crescimento e longevidade à companhia.

O controle gerencial e o comportamento humano

Como vimos, a congruência de objetivos de um processo significa que as atitudes adotadas pelos indivíduos, em conformidade com seus próprios interesses, são também do interesse da organização.

O comportamento humano pode ser influenciado de forma que os funcionários, ao executar suas atividades diárias, tenham a consciência e a determinação de seguir, dado o princípio de congruência de objetivos, na direção de atingir os objetivos estratégicos determinados pela organização e, dessa forma, converter a estratégia em realidade, atingindo o almejado sucesso corporativo que seria, por consequência, o êxito de seus colaboradores.

Anthony e Govindarajan (2002) afirmam que há, basicamente, quatro grupos de fatores que podem ser responsáveis por influenciar o comportamento humano, conforme demonstrado na figura 5.

Existem fatores informais, dentro e fora da empresa, que estimulam o comportamento.

Vejamos os fatores informais externos – por exemplo, a cultura de um país – que influenciam o comportamento humano.

A Transparency International, uma entidade sem fins lucrativos criada em 1993 com sede em Berlim (Alemanha) e estabelecida em mais de 100 localidades no mundo, tem a missão de partilhar um mundo livre de corrupção e publica anualmente um índice demonstrando a percepção de práticas corruptivas dos órgãos públicos de diversos países, sendo um total de 176 em 2016.

Figura 5
Fatores que influenciam o comportamento humano

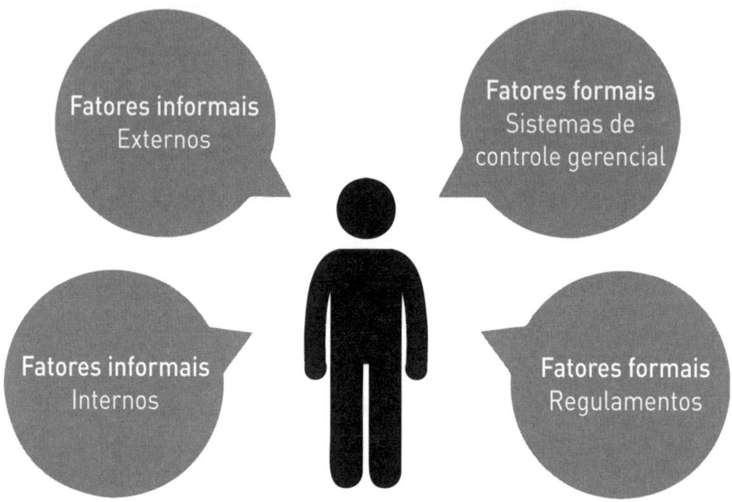

- Fatores informais Externos
- Fatores formais Sistemas de controle gerencial
- Fatores informais Internos
- Fatores formais Regulamentos

Fonte: Anthony e Govindarajan (2002), adaptada por Bermudo e Vertamatti (2015).

O índice pontua os países de 0 a 100, sendo 0 um país percebido como tendo órgãos públicos altamente corruptos e 100 um país percebido como altamente honesto.

Na pesquisa de 2016 o Brasil detém apenas 40 pontos, panorama que vem se repetindo nas cinco últimas pesquisas – de 2012 a 2016 –, ficando com a 79ª colocação ao ordenarmos os 176 países pesquisados em ordem crescente de percepção quanto à corrupção.

Em termos de idoneidade, perdemos para nossos vizinhos regionais: Uruguai, Chile e Cuba, por exemplo. Já a Dinamarca, no topo da lista também de forma recorrente nas últimas pesquisas, lidera com 90 pontos ao falarmos de integridade.

Estudo publicado pela Federação das Indústrias do Estado de São Paulo (Fiesp, 2010) revela que se o Brasil possuísse um nível de percepção da corrupção igual à média de alguns países selecionados

(Coreia do Sul, Costa Rica, Japão, Chile, Espanha, Irlanda, Estados Unidos, Alemanha, Austrália, Canadá, Cingapura e Finlândia), que equivaleria à nota aproximada de 75, o produto interno bruto (PIB) *per capita* do país teria um aumento de cerca de 16% na média, e isso corresponde a um custo médio estimado anual da corrupção de aproximadamente R$ 42 bilhões, ou 1,4% do PIB a valores de 2008, o que equivale a mais de 300 mil novos leitos em hospitais (incremento de 89%) ou 16 milhões a mais de crianças e jovens nas escolas (expansão de 48%).

Pode-se, ainda, de acordo com o mesmo estudo, traçar correlações entre um alto grau de corrupção na esfera pública com a realidade vivida pela população, uma vez que a corrupção acarreta contundentes mazelas, tais como redução do investimento produtivo, redução da competitividade, diminuição do nível de PIB *per capita*, deficiências na prestação dos serviços públicos oferecidos à população, baixa qualidade dos programas sociais oferecidos pelo governo e a consequente redução do índice de desenvolvimento humano (IDH), gerando um ciclo degenerativo da economia e da sociedade.

Em junho de 2015, a Controladoria-Geral da União (CGU) iniciou uma campanha nas redes sociais com frases usadas para justificar pequenos desvios de conduta – e até delitos – no dia a dia, que consiste em postagens que trazem desculpas para estas situações, como "mas todo mundo faz", "ninguém está vendo" e "é bem rapidinho". A campanha busca chamar a atenção, promovendo a reflexão de que, mesmo sendo pequeno, um erro ainda é um erro, e quem faz o certo não precisa de justificativa.

Em outra frente, o Ministério Público Federal (MPF), inspirado pelo aparecimento de uma gigantesca onda de corrupção descoberta com a "Operação Lava Jato", a qual investiga o esquema de lavagem e desvio de dinheiro envolvendo a Petrobras, grandes empreiteiras do país e políticos, lançou em 2015 a campanha "10 Medidas contra a Corrupção". Essa campanha dispõe sobre propostas legislativas para aprimorar a prevenção e o combate à corrupção e à impunidade, buscando ações como:

- prestação de contas, treinamentos e testes morais de servidores;
- ações de marketing;
- conscientização e proteção a quem denuncia a corrupção;
- criminalização do enriquecimento ilícito;
- aumento de penas relacionadas a crimes contra o patrimônio público (corrupção), tornando-os hediondos quando são envolvidas grandes somas de dinheiro;
- agilidade nos processos relativos a crimes e atos de improbidade;
- fechamento de lacunas da lei por onde criminosos escapam de penas via sistemas falhos e prescrição penal;
- criminalizar o "caixa dois" e a lavagem de dinheiro por meio de doações eleitorais;
- possibilidade de punição objetiva de partidos políticos;
- decretação de prisão cautelar para evitar que o dinheiro desviado desapareça;
- agilização do rastreamento do dinheiro desviado e fechamento de lacunas da lei por onde o dinheiro desviado escapa via ação de extinção de domínio e confisco alargado.

O que se espera de ações como as propostas pela CGU e pelo MPF é uma mudança cultural no país, de modo que a prática de atos de corrupção deixe de ser vista como normal e parte do custo de fazer negócios no Brasil, tornando-se algo reprimido e punido, não só por força de lei, como também pela própria sociedade, pois a partir do momento no qual, de forma coletiva, não mais haja tolerância com a corrupção, criminosos não se sentirão à vontade para praticar seus ilícitos com recorrência e falta de decoro.

Fatores informais internos, por sua vez, são aqueles que influenciam o comportamento humano por meio da cultura organizacional.

Tome como exemplo a GE, uma empresa com mais de 120 anos (fundada em 1892), com receita de US$ 117 bilhões (2015), mais de 300 mil empregados, reconhecida mundialmente por suas características de solidez, reputação, inovação e crescimento sustentável, figurando ainda como a única empresa que permaneceu no índice Dow Jones (DJIA), o qual reflete a média do preço das ações de interesse da maior parte da população, conhecidas como as *blue chips* americanas, desde sua publicação (em 1896) até os dias de hoje.

A GE possui um código de ética chamado *O espírito e a letra*, resumido na figura 6, e este é aplicado a todos os seus funcionários, assim como a outras pessoas que representem a GE (consultores, agentes, representantes de vendas, distribuidores e prestadores de serviços), objetivando pautar a intenção da companhia de ampliar e perpetuar suas operações, mas de maneira ética.

A parte da *letra*, a que se refere o código, reflete o compromisso da GE em seguir as leis, políticas e o próprio código de conduta da companhia, e operar, ou seja, fazer negócios, da forma correta.

No tocante à parte do *espírito*, a GE reconhece que não há maneira de um governo ou companhia pautar, de forma escrita, 100% de todas as situações com as quais um indivíduo pode se deparar e, desse modo, não existe uma regra específica para cobrir de forma exaustiva tudo o que se pode, o que não se pode, e o "como" se deve fazer e, muitas vezes, as situações não previstas, confusas ou as chamadas "áreas cinzas", nos impelem a usar o bom senso ou, no linguajar da GE, o espírito.

Figura 6
O espírito e a letra: o código de ética da GE

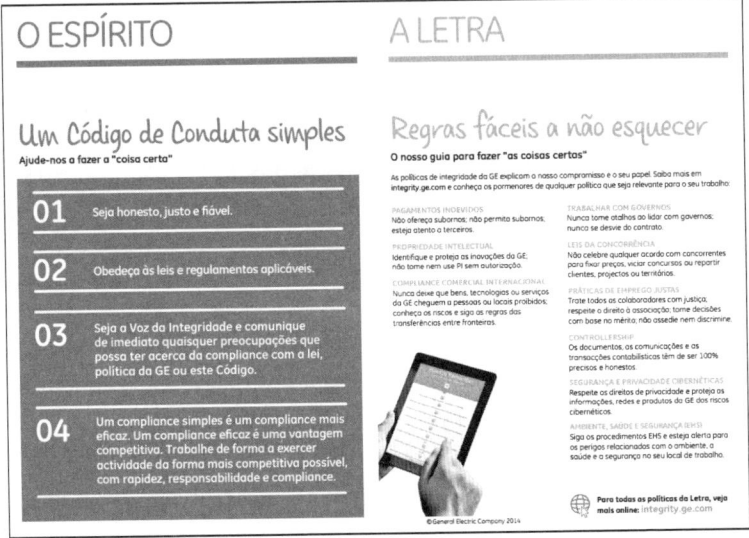

Fonte: GE (s.d.).

Ao se deparar com uma situação de difícil decisão, pois não está prevista no código de ética, o colaborador da GE é solicitado a fazer uma autorreflexão e se questionar:

Como esta decisão seria considerada por outras pessoas dentro e fora da GE?
Estou disposto a ser responsabilizado por esta decisão?
Isso é consistente com o código de ética da GE? [GE, s.d.].

Se essas perguntas forem respondidas com um indubitável "sim", o funcionário da GE deve seguir adiante, mas caso alguma dúvida persista, este deve escalar o tema para um membro superior ou ainda dividir a questão com as áreas jurídica ou de ouvidoria, buscando uma interpretação colegiada.

O código de conduta da GE é simples em sua síntese. Se está escrito, ou seja, se há uma lei, uma regulamentação ou uma política, precisa ser cumprida daquela forma (seguindo "a letra"). Se não há, use-se o bom senso, levando em consideração a autorreflexão mencionada anteriormente e, em caso de dúvida remanescente, levando a questão para esferas superiores e tomando uma decisão colegiada, buscando o caminho da integridade.

Contudo, apesar de o código de ética da GE ser bastante objetivo e claro na sua essência, uma folha de papel aceita tudo e, não é somente o código de uma empresa que irá fazer com que a cultura organizacional influencie de forma positiva o comportamento humano.

Um código de ética é simplesmente uma diretriz, um regulamento, porém são as ações diárias e a seriedade com a qual a alta administração aplica o código que farão com que os indivíduos acreditem que a regra será levada a sério e que o desrespeito a ela será punido, independentemente do tamanho da infração ou de quem seja o infrator. Isso, sim, irá criar de modo gradativo, porém permanente, um "DNA" corporativo capaz de impulsionar as pessoas na direção da integridade.

Em reunião anual de acionistas (GE, 2003), Keith Sherin, então CFO da companhia, disse: *"In the area of integrity and compliance it's one strike, and you're out"* ("Quando se trata de integridade e conformidade, basta uma mancada e você está fora da GE" – tradução livre dos autores). E esse tem sido o "mantra" da GE, vivido por todos os seus funcionários e pessoas que se relacionam com a companhia, que deixa claro não haver, por parte da organização, qualquer tolerância com a falta de honestidade.

Quanto aos fatores formais que influenciam o comportamento humano, temos os sistemas de controle gerencial e os regulamentos, e vamos começar por este último, inspirados no que acabamos de ver sobre o código de ética da GE, um exemplo claro de um regulamento (fator formal que influencia o comportamento humano), mas que só funciona de forma exemplar porque as pessoas compreendem que a alta gestão respira e pratica o que o código apregoa. Daí temos uma espiral virtuosa que constrói uma cultura organizacional (fator informal que influencia o comportamento humano) que favorece a organização no sentido de alcançar seus objetivos, nesse caso desenvolvendo suas práticas comerciais em um cenário de retidão de princípios éticos.

Por fim, os sistemas de controle gerencial também influenciam o comportamento das pessoas de maneira formal. Na verdade, este é seu grande objetivo: criar mecanismos de obediência à estratégia, fazendo com que as pessoas se sintam impelidas a olhar na mesma direção que a empresa olha, ou seja, realizar seus objetivos pessoais de forma congruente com os objetivos da organização.

O processo de controle gerencial

Toda empresa tem uma missão, que é o motivo pelo qual foi criada, e uma visão, que significa onde pretende estar em uma data futura predeterminada. O que coloca a empresa em movimento, descrevendo o que fará para cumprir sua visão, é a estratégia.

Portanto, para que uma empresa tenha sucesso, definindo sucesso como o alcance da visão, ela precisa, além de um bom mecanismo de controle, de uma boa estratégia. As duas coisas juntas.

Um excelente mecanismo de controle com uma estratégia errada, só irá ajudar a empresa a ir na direção equivocada com mais rapidez.

Vamos, no entanto, nos concentrar nos mecanismos de obediência à estratégia, ou seja, nos sistemas de controle.

O processo de controle gerencial, como mostrado na figura 7, nasce na definição da estratégia e, em seguida, é iniciado o planejamento estratégico.

Planejamento estratégico é o processo pelo qual a empresa decide quais são os principais programas que a organização pretende adotar para implementar e manter suas estratégias, definindo o volume de recursos necessários para que isto aconteça. Varia muito de caso para caso, mas, na média, as empresas têm feito planejamento estratégico para cinco anos, com revisões anuais.

Já o orçamento é geralmente mais quantitativamente explicativo que o planejamento estratégico, em geral feito para um período menor (o mais comum é um ano com revisões trimestrais).

Outra grande diferença entre o orçamento e o planejamento estratégico está na responsabilização que o orçamento tem. O orçamento precisa estar ligado a um centro de responsabilidade, ou seja, um departamento que tem um zelador. É como se no planejamento estratégico você definisse o que fazer nos próximos cinco anos e no orçamento você dividisse o primeiro desses anos em atividades menores que teriam um responsável e um volume de recursos financeiros, o orçamento, para que elas fossem cumpridas.

Durante o ano a empresa avalia se os programas estão sendo executados e se o recurso efetivamente utilizado para eles está sendo diferente do planejado, isto é, do orçado.

Se a análise do resultado real × orçado mostrar que a unidade fez um bom trabalho, ela dever ser premiada (com remuneração, reconhecimento etc.), e em caso contrário pode ser punida (recebendo menor bônus, por exemplo).

Porém, para que esse mecanismo seja efetivo, é necessário pensarmos no princípio da *accountability*, para analisar e fazer adaptações necessárias ao resultado. Lembre-se de que o gestor só deve ser responsabilizado por aquilo sobre o que ele tem autoridade e pelo que é remunerado.

Imagine, por exemplo, que uma empresa brasileira compre grande parte da matéria-prima dos Estados Unidos e, quando o orçamento foi feito, a empresa usou uma taxa de câmbio de 1,8 real/dólar. Imagine agora que, no decorrer do ano, a taxa do dólar passou a 2,5 real/dólar, em média. Isso causará impacto negativo no orçamento. Para obedecer ao princípio da *accountability*, devemos retirar tal efeito da comparação.

Ou seja, informações exógenas, isto é, que não foram consideradas no orçamento ou consideradas de forma diferente e que não sejam de responsabilidade do gestor, devem ser ajustadas para que a comparação seja justa.

Por exemplo, há algum tempo, a Varig passou por uma grave crise financeira, antes de ser adquirida pela GOL. Se o orçamento da TAM, para o ano em que aconteceu este fato, não tivesse contemplado que um de seus maiores concorrentes faliu e foi absorvido por outro concorrente, deveria, assim que o fato ocorreu, ser ajustado, porque era uma variável não contemplada originalmente em seu orçamento, e que trouxe impactos para o mercado da aviação e, consequentemente, para a própria TAM.

O problema é que, na prática, as pessoas aceitam o ajuste do orçamento quando são beneficiadas por ele, mas o contrário não é verdadeiro, por mais que seja justo.

Outro ponto que precisa ser levado em consideração são os regulamentos e políticas da empresa.

Uma unidade pode cumprir o orçamento adotando uma atitude que vá contra as diretrizes, políticas ou regulamentos da organização. Esse fator precisa ser levado em consideração quando da análise, para que o resultado sofra ajuste, se for o caso.

Por exemplo, imagine uma empresa farmacêutica que tem a política de não vender para o governo porque a média de atraso de pagamento nesse caso é bem maior que a habitual. Se uma de suas divisões aumentar a receita por ter feito vendas desse tipo, terá descumprido uma diretriz da empresa.

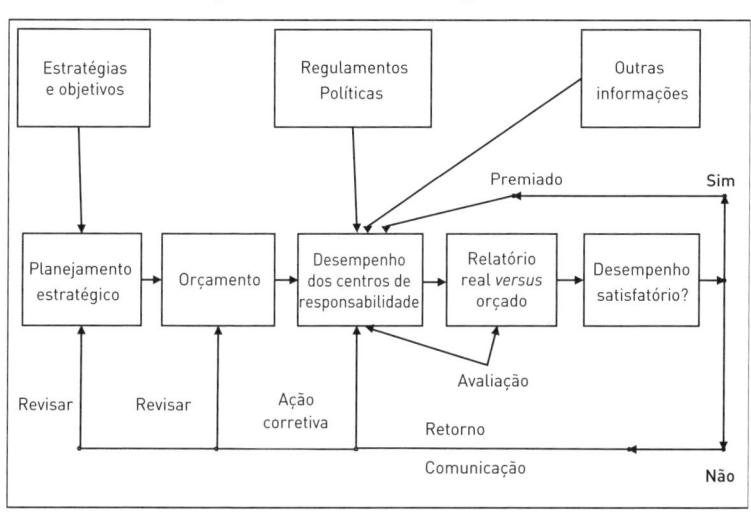

Figura 7
O processo de controle gerencial

```
[Estratégias e objetivos]    [Regulamentos Políticas]    [Outras informações]
                                                                    Premiado          Sim
[Planejamento estratégico] → [Orçamento] → [Desempenho dos centros de responsabilidade] → [Relatório real versus orçado] → [Desempenho satisfatório?]
                                                                                           Avaliação
[Revisar]  [Revisar]  [Ação corretiva]   Retorno
                                         Comunicação                                       Não
```

Fonte: Anthony e Govindarajan (2002).

Resumo do capítulo

Neste capítulo, abordamos o conceito de controladoria segundo Anthony e Govindarajan (2002). A controladoria é a área da empresa responsável por criar mecanismos de alinhamento à estratégia. O *controller* é o principal executivo da controladoria. É importante destacar que a controladoria é uma área de suporte à decisão, que será sempre do gestor da unidade, e não do *controller*. Outro fator de importante destaque é que a estratégia nasce antes do controle. Portanto, uma estratégia muito ruim com um sistema de controle forte só fará a empresa errar mais rapidamente.

Em seguida definimos eficiência e eficácia conforme Guerreiro (1999). Eficiência é o consumo ótimo de recursos, dados os volumes de produção, e eficácia é a capacidade da empresa de cumprir sua missão. O sistema de controle de uma empresa mede o grau de eficiência e eficácia no cumprimento da estratégia. Os sistemas de controle são influenciados por seis grandes variáveis, os subsistemas de controle gerencial: subsistema de crenças e valores, subsistema social, subsistema organizacional, subsistema de gestão, subsistema de informação e subsistema físico.

Analisamos as funções e os tipos de subordinação do *controller*, verificando que este, em geral, tem dupla chefia, e examinamos os pilares da controladoria: criação de mecanismos de obediência à estratégia com boa governança corporativa.

Abordamos um conceito muito importante para a criação dos mecanismos de controle, que voltaremos a abordar nos próximos capítulos, que é a *accountability*. Esse princípio é muito importante na montagem dos sistemas de controle e estabelece que ninguém deve ter responsabilidade por algo que não tem autoridade para influenciar.

Ao final do capítulo, tratamos dos fatores formais e informais que impactam o comportamento e finalizamos desenhando o processo de controle gerencial.

Nosso próximo passo, no capítulo 2, será estudar o impacto das estruturas gerenciais no controle e analisar as bases sobre as quais são criados os sistemas de controle gerencial.

2
O impacto da estrutura organizacional no controle

Neste capítulo, analisaremos os pontos fracos e fortes, pela ótica do controle, das três estruturas organizacionais mais conhecidas: unidade de negócios, funcional e matricial.

Em seguida, trataremos dos quatro centros de responsabilidade: centro de custos, centro de receita, centro de lucro (ou de resultado) e centro de investimento.

Por último falaremos da aplicação do princípio da *accountability*, princípio da responsabilidade com autoridade, na construção dos sistemas de controle. Vamos entender o porquê da abordagem diferente da contabilidade de custos para gestão de produtos, que não segue esse princípio, para a contabilidade de custos para controle, que precisa seguir, "preparando o terreno" para o capítulo 3, que são as aplicações gerenciais do preço de transferência.

Estruturas organizacionais: unidades de negócio e funcional

A primeira estrutura criada foi a funcional. Segundo Anthony e Govindarajan (2002), o princípio dessa estrutura organizacional foi desenvolvido por Frederick Taylor e outros, para conseguir especialização de mão de obra na produção em larga escala. Esse princípio baseia-se no fundamento de que um executivo pode contribuir com seus conhecimentos especializados para a tomada de decisões relativas à sua função, contrastando com outra corrente de pensamento que tem no administrador a figura de um generalista, que pode não ter muito conhecimento específico de uma função.

Logo, esse tipo de estrutura apregoa que um gerente especializado em marketing tomará melhores decisões de marketing e um gerente especializado em produção tomará melhores decisões de produção se comparados a um gerente responsável por ambas as áreas – de marketing e de produção.

Estrutura funcional

Estrutura funcional em uma empresa é aquela caracterizada por concentrar uma atividade específica sob o comando de um executivo. Alguns exemplos são: o Departamento de Recursos Humanos (RH), o Departamento Financeiro ou a Central de Qualidade.

É a estrutura cujo funcionamento é mais fácil de entender e é a mais antiga, sendo utilizada pelas empresas há muitos anos. Nela, um executivo cuida, em geral, de apenas uma atividade, conforme observamos na figura 8.

Unidade de negócios

Uma unidade de negócio é uma estrutura empresarial caracterizada pelo fato de duas funções estarem sob a responsabilidade do mesmo executivo: produção e marketing, como ilustrado na figura 9.

Outras atividades podem ou não estar inseridas nessa estrutura, dependendo do tamanho da empresa, mas por que produção e marketing?

Figura 8
Estrutura funcional

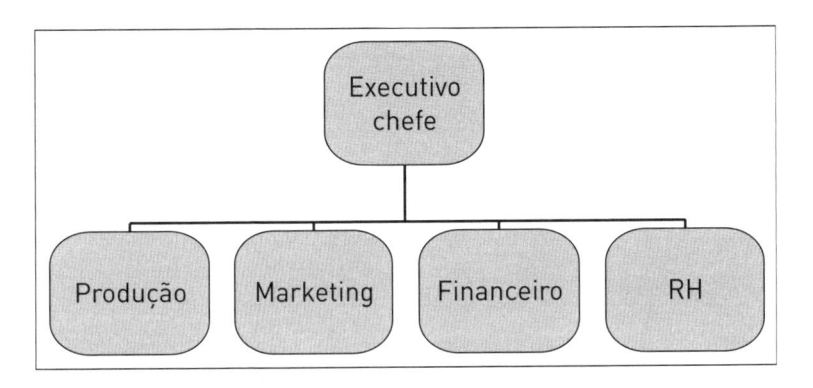

```
                    ┌─────────────┐
                    │  Executivo  │
                    │    chefe    │
                    └──────┬──────┘
          ┌────────────┬───┴────┬────────────┐
      ┌───┴───┐   ┌────┴───┐ ┌──┴──────┐  ┌──┴──┐
      │Produção│  │Marketing│ │Financeiro│  │ RH │
      └────────┘  └─────────┘ └──────────┘  └────┘
```

Marketing é quem vende. Produção é quem gasta para fazer os produtos. Portanto, nessa estrutura você consegue enxergar a participação no resultado da empresa.

A unidade de negócio funciona como se fosse uma empresa menor dentro da própria empresa e foi criada para descentralizar o controle.

Um dos grandes avanços da ciência da administração é a descentralização. Nenhuma empresa consegue crescer sem descentralizar tanto responsabilidade quanto autoridade.

Imagine uma pequena padaria. Onde o dono geralmente fica? No caixa, correto?

Por que isso? No caixa ele tem uma visão privilegiada do negócio. Ele vê o fluxo de recebimento quando os clientes pagam, vê o fluxo de pagamento quando o vendedor de picolé faz a visita mensal de vendas e vê também o fluxo de atendimento ao cliente olhando o balcão.

Agora imagine que dois funcionários estão conversando enquanto o balcão está cheio de clientes sem atendimento. O dono imediatamente repreende os funcionários e diz: "Pessoal, atendam os clientes!".

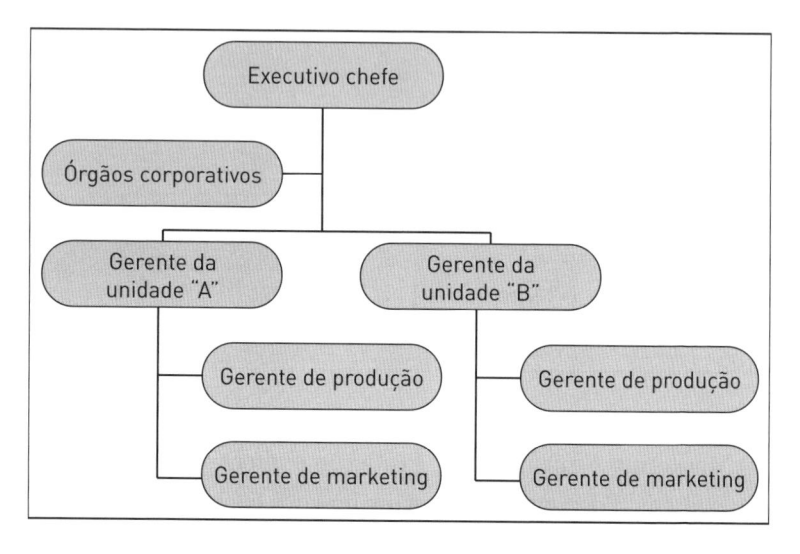

Figura 9
Unidade de negócio

```
                    Executivo chefe
                           |
Órgãos corporativos -------|
                           |
              ┌────────────┴────────────┐
        Gerente da                  Gerente da
        unidade "A"                 unidade "B"
              |                          |
        Gerente de produção        Gerente de produção
              |                          |
        Gerente de marketing       Gerente de marketing
```

Contudo, imagine que essa padaria deu tão certo que virou uma rede com 100 filiais. Você acha que o dono conseguirá chamar a atenção de todos os funcionários que não estão se dedicando ao trabalho? Claro que não. Ele nomeará um gerente, que cuidará de determinada unidade de negócios, atribuindo a ele responsabilidade pelo sucesso financeiro da filial e autoridade para tomar as decisões necessárias para que esse sucesso aconteça. É o princípio da *accountability*.

Algumas empresas são tão grandes que suas unidades de negócio são "empresas completas", quer dizer, têm todas as atividades de uma empresa dentro da sua própria estrutura, sem compartilhar recursos com outras unidades.

Na literatura, existem várias citações de pontos fortes e fracos dessas estruturas. Vamos destacar alguns que julgamos mais relevantes.

Pontos fortes e pontos fracos da estrutura funcional
e da unidade de negócios

Vamos abordar pontos fortes e fracos da estrutura funcional e da unidade de negócios por comparação, já que muitos pontos fortes de uma são fracos em outra.

Pontos fortes da unidade de negócios e fracos da estrutura funcional

FACILIDADE DE VER A PARTICIPAÇÃO DAS ESTRUTURAS
NO RESULTADO DA EMPRESA

Um ponto forte da estrutura organizacional por unidade de negócios e fraco da funcional é que a unidade de negócio, por ser uma "empresa" menor dentro da própria empresa, facilita o entendimento de sua contribuição para o resultado da companhia, o que iremos analisar no próximo capítulo, que trata de aplicações gerenciais do preço de transferência.

Contudo, como fazer esta relação para a estrutura funcional? Como saber a participação, por exemplo, que o RH tem no resultado global da empresa? É muito mais difícil, concorda?

FACILIDADE DE DESCENTRALIZAR O CONTROLE

Na estrutura por unidade de negócios, por ser mais fácil compreender a participação de cada unidade no resultado consolidado da companhia, também fica mais fácil descentralizar o controle, dando para o executivo de cada unidade responsabilidade e autoridade para geri-la em conformidade com seu melhor juízo.

Um executivo de uma unidade de negócios é medido pelo resultado obtido, assim como o presidente da empresa. Vamos analisar melhor um exemplo hipotético: uma empresa educacional chamada ABC.

O Instituto de Desenvolvimento Corporativo (IDC) é uma unidade de negócio da ABC que foi criada para preparar executivos. Dentro do IDC há duas unidades de negócio, pois uma empresa pode ter uma unidade de negócio dentro de uma unidade de negócio: a ABC Gerencial, que oferece cursos abertos, e a ABC Corporativo, que oferece cursos fechados, específicos para uma empresa. Além dessas duas unidades de negócio, há várias unidades funcionais dentro do IDC, como RH, Financeiro, Central de Qualidade etc.

Cada uma dessas unidades (de negócio e funcional) é gerenciada por um diretor. Imagine que o diretor da ABC Gerencial faça um orçamento para o ano seguinte e o diretor de RH faça a mesma coisa. Esse orçamento é apresentado e aprovado pela diretoria do IDC.

Imagine que, no ano em que o orçamento vai se realizar, aconteça uma grande crise no país. No meio da crise precisamos ser criativos, e o diretor da ABC Gerencial cria um curso novo. Para criar esse curso novo, ele precisa contratar mais recursos, dado que estes trarão mais receita para a instituição.

Agora repare que fazer essa relação de custo (mais recurso) associada à receita é muito mais difícil para o RH.

Portanto, provavelmente, o gestor da ABC Gerencial terá maior autonomia para contratar pessoas, descentralização do controle, do que o gestor do Departamento de Recursos Humanos.

Maior agilidade

Esse é o terceiro ponto forte da unidade de negócios e fraco da funcional que é bem simples de entender já tendo examinado os pontos anteriormente mencionados.

Se o executivo de uma unidade de negócio tem mais autoridade do que o da funcional, ele tende a tomar decisões mais rápidas. Unidades funcionais são mais lentas por terem menos autoridade e demandarem maiores níveis de autorização para a tomada de decisão.

Contato mais estreito com o mercado

Outra vantagem é o fato de que a unidade está em contato mais estreito com o mercado do que a matriz. Seu executivo pode tomar melhores decisões do que a matriz e pode reagir mais rapidamente face aos novos riscos e oportunidades.

Ponto forte da unidade funcional

Promoção da eficiência

O ponto forte mais relevante da unidade funcional é a promoção da eficiência. Quer dizer, se uma unidade faz apenas uma atividade, tende a fazer bem-feito. É o taylorismo sendo colocado em prática. Quer dizer, se uma unidade cuida somente de RH, tenderá a fazer melhor do que se cuidasse de outras atividades ao mesmo tempo.

Pontos fracos da unidade de negócios

Duplicação de tarefas

Existe a possibilidade de que empresas estruturadas por unidade de negócios dupliquem algumas tarefas e, portanto, dupliquem custos. Consequentemente, a atenção da empresa, nesses casos, para buscar sinergia e otimizar recursos, precisa ser constante.

Essa dificuldade pode ser contornada adotando-se a centralização de certas funções especializadas em órgãos corporativos. Por esse motivo, por exemplo, algumas empresas têm centros de serviço compartilhados.

A figura 10 mostra a estrutura da Embratel, na época em que pertencia à americana MCI. Várias funções eram exercidas por órgãos corporativos, evitando a duplicação de tarefas e custos, como tesouraria, planejamento corporativo, recursos humanos etc.

Figura 10
Embratel, na época em que pertencia à MCI

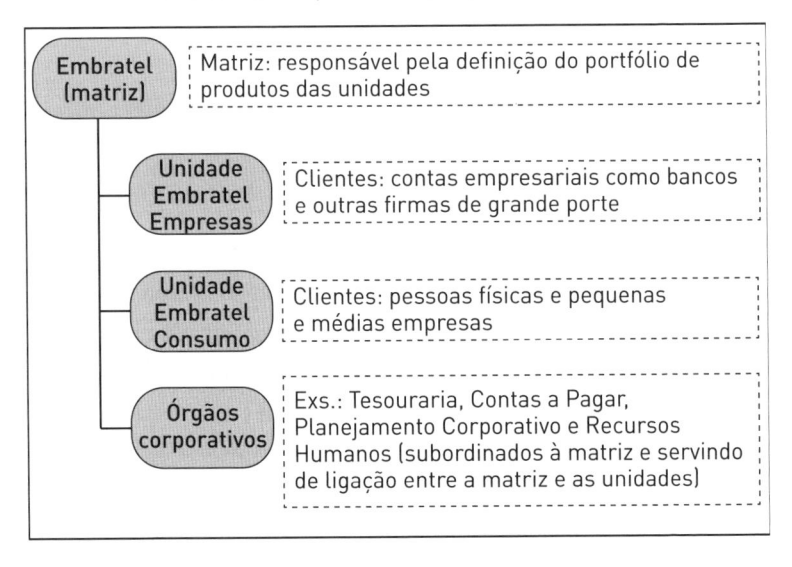

- **Embratel (matriz)** — Matriz: responsável pela definição do portfólio de produtos das unidades
  - **Unidade Embratel Empresas** — Clientes: contas empresariais como bancos e outras firmas de grande porte
  - **Unidade Embratel Consumo** — Clientes: pessoas físicas e pequenas e médias empresas
  - **Órgãos corporativos** — Exs.: Tesouraria, Contas a Pagar, Planejamento Corporativo e Recursos Humanos (subordinados à matriz e servindo de ligação entre a matriz e as unidades)

ENCONTRAR UM EXECUTIVO QUE SEJA UM BOM GENERALISTA

Pergunte a um *headhunter* qual é o tipo de executivo mais difícil de achar no mercado. Provavelmente ele responderá: um bom generalista.

Isso acontece porque as pessoas, no mundo corporativo, em geral crescem por meio da especialização e não da generalização.

De que forma, por exemplo, alguém vindo da área financeira se tornou presidente de uma empresa? Ele pode ter começado a carreira como estagiário da área financeira, depois virou *trainee* da área financeira, em seguida analista financeiro, depois coordenador financeiro, gerente financeiro, diretor financeiro e chegou a presidente. Não há dúvidas sobre a capacidade desse profissional, sobre suas habilidades financeiras. Mas será que seu entendimento sobre logística, marketing e recursos humanos é o mesmo?

E um profissional que virou presidente construindo a carreira na área de marketing? Também tende a ter dificuldade em outras áreas.

Um bom gerente geral, CEO ou presidente de uma empresa precisa conhecer bem todas as áreas, precisa criar sinergia, garantir que "um remo do barco não seja mais forte que os outros e que o barco não ande em círculos". Mas essa formação generalista não é natural.

Se você pesquisar na internet a formação em escolas de primeira linha para executivos seniores (a FGV, por exemplo, tem o FGV CEO), verá que a formação é bastante generalista. Esse executivo é o técnico do time. O maestro da orquestra.

Pela quantidade de pontos fortes da unidade de negócios e de pontos fracos da funcional, você já deve estar desconfiando que a primeira seja bem mais fácil de controlar do que a segunda. Ponto para você!

Antes de passarmos para a estrutura matricial, vamos resumir, na tabela 1, os pontos fortes e fracos da unidade de negócios e da estrutura funcional.

Tabela 1
Pontos fortes e fracos da unidade de negócios e da estrutura funcional

	Unidade de negócio	Estrutura funcional
Facilidade de ver a participação no resultado	Forte	Fraco
Facilidade de descentralizar o controle	Forte	Fraco
Maior agilidade	Forte	Fraco
Contato mais estreito com o mercado	Forte	Fraco
Promoção da eficiência		Forte
Duplicação de tarefas	Fraco	
Encontrar um executivo que seja um bom generalista	Fraco	

Vejamos agora a estrutura matricial. Ela tem características bem distintas das anteriores.

Estrutura matricial

Segundo Anthony e Govindarajan (2002), a estrutura matricial é uma solução mista em que, normalmente, se combinam a estrutura com base em função com a estrutura com base em projetos/produtos. Assim, em vez de a organização adotar grupos de projetos/produtos, cada um com suas próprias subestruturas funcionais (produção, engenharia, marketing, finanças etc.), os órgãos funcionais centrais apoiam todas as estruturas de projetos/produtos, minimizando os gastos da empresa, como podemos observar na figura 11.

Nas estruturas matriciais, os recursos não são detidos por um único ente. São agrupados, em geral, por projeto, e, quando este acaba, o recurso se dissipa, sendo reagrupado em outros projetos. É muito comum nas empresas de consultoria e auditoria.

Na empresa educacional hipotética que mencionamos anteriormente, a ABC, os professores e coordenadores do IDC são matriciais, sendo agrupados em turmas (projetos) específicas. Quando

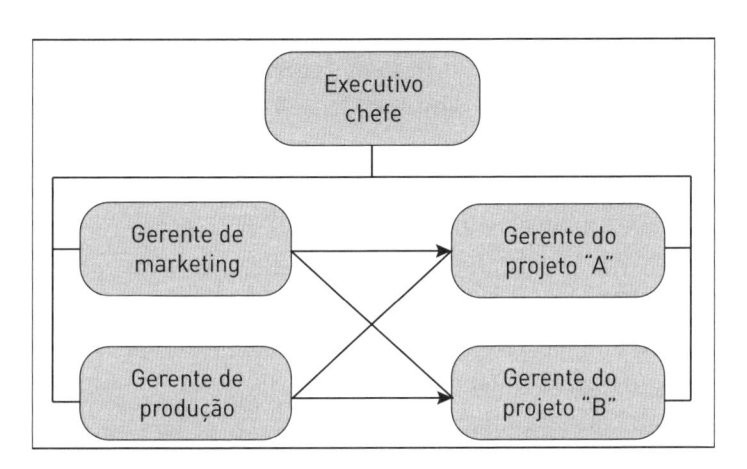

Figura 11
Estrutura matricial

```
                    ┌─────────────┐
                    │  Executivo  │
                    │    chefe    │
                    └─────────────┘
                           │
   ┌─────────────┐                    ┌─────────────┐
   │ Gerente de  │ ─────────────────► │  Gerente do │
   │  marketing  │         ╳          │ projeto "A" │
   └─────────────┘                    └─────────────┘
   ┌─────────────┐                    ┌─────────────┐
   │ Gerente de  │ ─────────────────► │  Gerente do │
   │   produção  │                    │ projeto "B" │
   └─────────────┘                    └─────────────┘
```

a turma acaba, os professores e coordenadores são reagrupados em outras turmas na mesma unidade do IDC, em outras filiais ou em outras empresas, se o curso for corporativo, e em cursos espalhados pelo Brasil.

Vamos analisar, agora, os pontos fortes e fracos desse tipo de estrutura organizacional.

Pontos fortes da estrutura matricial

Capacidade de otimizar recursos

Uma vantagem bastante interessante da estrutura matricial é a capacidade de otimizar recursos. Como os recursos são agrupados por projetos e sem um superior imediato único, eles podem ser alocados em unidades que estão com demandas momentaneamente maiores. Vejamos um exemplo.

Em 2008, teve início uma grande crise mundial que afetou o Brasil alguns anos depois. As empresas de auditoria e consultoria também foram afetadas por essa crise. Algumas empresas fazem auditorias nas divisões em que são obrigatórias por lei, mas fazem também em unidades que a lei não demanda, mas nas quais elas entendem que tal atividade provê mais segurança para o investidor e melhoram o nível de governança corporativa. Com a crise, muitas empresas resolveram fazer auditoria apenas nas unidades que a lei determina, visando otimizar recursos. Esta atitude fez com que a necessidade por auditoria das *big four*, como são conhecidas as quatro maiores empresas de auditoria do mundo, fosse reduzida. Porém, em 2007, começou no Brasil o processo de convergência para as normas contábeis internacionais. Como o processo de convergência gerou muitas normas e contabilizações a que não estávamos acostumados, as empresas precisaram "comprar" consultoria. Como as empresas de auditoria e consultoria são, em geral, matriciais, houve uma migração de funcionários da divisão de auditoria, prejudicada pela crise, para a de consultoria, beneficiada pelo processo de convergência para as normas internacionais.

Gasto discricionário, também chamado de gasto arbitrário, é um gasto cujo impacto direto não é mensurável nos resultados da empresa. Podemos ter uma forte convicção de que ele gera valor, mas não conseguimos medir esta convicção em números.

A educação, por exemplo, é um gasto discricionário. As pessoas, em geral, concordam que a educação gera valor para a empresa, porém, o gasto com a educação não é uma boa medição de valor. Se sua empresa pagou R$ 10.000 por um curso para você, quer dizer que você gerou este valor para a empresa? Essa relação não é simples assim.

A experiência mostra que em momentos de crise as empresas começam os cortes pelos gastos discricionários.

Conforme citamos anteriormente, O IDC é uma unidade de negócio da ABC que foi criada com a missão de educar executivos. Dentro do IDC, temos duas unidades de negócio: o ABC Gerencial, que faz cursos abertos, e o ABC Corporativo, que faz cursos fechados, específicos para uma empresa.

Em geral, nos cursos corporativos, quem paga pelo curso é a empresa, e nos cursos abertos, o aluno é quem paga, havendo, obviamente, exceções.

Quando o país sofre uma crise, usualmente a unidade de cursos corporativos da ABC é mais impactada do que a ABC Gerencial. Isso acontece porque a educação é um gasto discricionário e, como falamos anteriormente, as empresas começam os cortes por estes gastos. O resultado é que em anos de crise as empresas tendem a treinar menos.

Já nos cursos abertos, a relação não é a mesma. Uma pessoa olha a crise, vê demissões e pensa: "Preciso melhorar minha educação. Está havendo demissão e, provavelmente, os mais bem formados ficarão". Também pode pensar: "Se eu for demitido, a minha formação será determinante para conseguir outro emprego". Aí a pessoa troca o perfil do gasto. Quer dizer, em vez de comprar um carro novo, prefere fazer um MBA.

O resultado disto é que, em anos de crise, os professores e coordenadores da ABC tendem a trabalhar mais para a unidade de cursos abertos e menos para a de cursos fechados, otimizando os recursos.

Capacidade de transferir informação

Kaplan e Norton (2004) destacam que modernamente o valor contábil das empresas representa, em média, menos de 25% do seu valor de mercado. Tal diferença está na incapacidade que a contabilidade tradicional tem de registrar os ativos intangíveis.

Todo o foco da contabilidade está na mensuração de indicadores financeiros que, apesar de muito importantes, respondem por uma parcela pequena da criação de valor no longo prazo das organizações. Para tentar garantir a geração de valor de longo prazo, eles sugerem que os indicadores de controle sejam divididos em quatro classes: perspectiva financeira, perspectiva do cliente, perspectiva de processos internos e perspectiva de aprendizado e crescimento.

A perspectiva financeira é aonde se quer chegar, mas não como chegar. Descreve se a empresa está sendo rentável, se está trazendo retornos no mínimo proporcionais ao risco, mas não mostra como está fazendo isso.

A perspectiva dos clientes mostra como estes enxergam a empresa. Pela ótica do controle, são indicadores que mostram se a empresa está entregando os atributos de valor que o cliente espera.

A perspectiva de processos internos mostra os processos que constroem valor para o cliente, sendo dividida em quatro áreas: processo de gestão operacional, que é tudo relacionado a receber, transformar e entregar; processo de gestão de clientes, que mede o relacionamento da empresa com o cliente; processo de inovação, que mede a capacidade da empresa de inovar; e processos regulatórios e sociais, que medem o relacionamento da empresa com o governo e a sociedade.

A perspectiva de aprendizado e crescimento, que mede o tipo de pessoas, informação e cultura que a empresa tem, é tratada metaforicamente, por Kaplan e Norton (2004), como "máquina de gerar ativos intangíveis".

Segundo esses autores, são as pessoas corretas, com a informação correta e com a cultura correta que fazem os processos corretos, que atendem os clientes e fazem com que eles comprem. Esse é o processo de geração de valor.

Porém o *balanced scorecard* (BSC) não significa apenas agrupar indicadores em quatro áreas. O grande avanço que essa ferramenta trouxe para a controladoria foi o entendimento de que os indicadores não serão escolhidos apenas porque geram melhoria ou porque já são utilizados pela empresa. Eles só serão escolhidos se expressarem a estratégia da corporação. Por essa ótica, o BSC é uma grande ferramenta para dar alinhamento e foco. Ajuda a empresa a entender o que realmente é importante. Com o avanço dos sistemas de informação, algumas empresas estavam usando 500, 600 e às vezes mais indicadores de controle. Segundo os autores do BSC, quem controla tudo não controla nada. Empresas que utilizam bem essa ferramenta reduzem drasticamente a quantidade de indicadores que utilizam.

Dito isso, um dos ativos mais importantes para uma empresa no mundo corporativo contemporâneo é a informação.

O problema é que, muitas vezes, uma informação importante está na cabeça de uma pessoa. Se ela deixa a empresa por algum motivo, a informação vai junto.

No passado as informações sobre os clientes, por exemplo, ficavam com os vendedores. Muitos passavam para a empresa apenas informações básicas, com pouco valor. O real sentimento, necessidade, hábitos, gostos etc. ficavam guardados "a sete chaves" com o pessoal de vendas.

As empresas, então, criam os sistemas de *customer relationship management* (CRM), convencendo os vendedores a colocar em computadores as informações que têm, advogando, por exemplo, que tais informações serão trabalhadas por meio de estatística, e eles saberão o tipo de produto ou serviço que aquele cliente tem maior probabilidade de comprar. Ou, se determinado cliente já foi visitado em algum outro momento por outro vendedor, as informações antigas serão consolidadas com as novas, gerando um banco de dados maior, melhores negócios e, por consequência, melhor remuneração.

Desse modo, a empresa está sendo mais eficiente em suas vendas, mas também está registrando, uma vez que a informação deixa de ser do vendedor e passa a ser da empresa, um ativo muito importante: a informação.

O problema é que registrar a informação e disponibilizá-la para uso da empresa nem sempre é fácil. Imagine que você participou de uma reunião com várias unidades da empresa. Cada unidade iria apresentar às outras seus resultados do trimestre. Um colega seu fez uma planilha muito bem elaborada, com vários indicadores interessantes. Você, ao final da reunião, disse para seu colega: "Parabéns! Excelente trabalho! Eu gostaria de fazer algo semelhante na minha divisão. Você poderia enviar para mim sua planilha?". Seu colega respondeu: "Claro!". Porém nunca enviou. Esta atitude é incomum?

A estrutura matricial funciona como disseminadora de informação. Imagine que uma pessoa tenha uma informação muito importante, mas não passe para ninguém. Agora imagine que ela se agrupou em um projeto com mais outras quatro pessoas para fazer determinada tarefa. O sucesso dela depende do sucesso do projeto. Aí ela chama os colegas do projeto e diz: "Vou contar para vocês aquele meu segredo especial, mas não contem para ninguém, ok?". Aí eles fazem o projeto. Ao final, o recurso se dissipa, uma vez que todos irão para outros projetos, e então cada um deles diz para as novas equipes: "Vou contar para vocês um segredo, mas não contem para ninguém...".

Isso acontece na ABC com professores e coordenadores, já que são estruturas matriciais. Imagine que um professor dê aula a convite do coordenador, professor José, responsável pelo Curso de Controladoria na cidade "A". Nesta cidade o professor José incentiva que a turma tenha um representante para, entre outras coisas, melhorar a comunicação com a coordenação. Quando o coordenador quer, por exemplo, dar uma informação para a turma, ele liga para o representante e este dissemina a informação.

Agora imagine que esse mesmo professor está lecionando na cidade "B", onde o coordenador do Curso de Controladoria é o professor João, e percebe que os alunos estão com algumas informações equivocadas sobre o curso. No intervalo, o professor liga para o coordenador João e diz: "Coordenador, os alunos necessitam de esclarecimentos importantes em relação ao curso", e completa informando que na cidade "A" o coordenador José incentiva que os alunos tenham um representante, pois em situações como essa o coordenador liga para o representante, esclarece os fatos e pede que ele passe a informação à turma. Repare que o professor levou "tecnologia de gestão" do coordenador José para o coordenador João. Isto é muito benéfico para a empresa e um ponto forte da estrutura matricial.

Pontos fracos da estrutura matricial

Dupla subordinação

Um ponto negativo muito importante na estrutura matricial é a dupla subordinação, pois os funcionários trabalham para várias unidades, em vários projetos diferentes, sem uma linha de comando única.

Quem trabalha com essa estrutura muitas vezes brinca, dizendo que existe "mais cacique do que índio" na estrutura matricial, e o problema é que conflitos na chefia atingem os subordinados.

Você se lembra do exemplo do professor que trabalhava para o coordenador José na cidade "A" e para o coordenador João na cidade "B". Imagine que os coordenadores José e João não se relacionem bem. O coordenador José pode dizer: "Professor, ou você trabalha para mim na cidade "A" ou para o coordenador João na cidade "B". Se trabalhar com ele, não trabalhará comigo". Isso não pode ocorrer?

Cabe à empresa entender que este é um ponto fraco desse tipo de estrutura e criar mecanismos para que não ocorra.

CONTROLADORIA

Insegurança na equipe do projeto

Outra desvantagem da estrutura matricial é a insegurança que ela pode gerar nas equipes dos projetos. No nosso exemplo hipotético, a ABC é líder em cursos corporativos e possui vários gerentes de projeto. Um gerente de projeto cuida de várias empresas. Porém, em determinado momento, esses cursos foram tão demandados que dois gerentes de projetos trabalharam exclusivamente no atendimento das demandas de um único cliente. Conforme as demandas diminuíam, era natural que eles se questionassem: "Será que eu terei emprego?".

Muitas empresas trabalham com as três estruturas ao mesmo tempo, como no caso da ABC, que tem dentro do IDC duas unidades de negócio: ABC Gerencial e ABC Corporativo, várias unidades funcionais: Recursos Humanos, Marketing, Central de Qualidade, Controladoria etc., além de professores e coordenadores que trabalham de forma matricial.

Centros de responsabilidade e contas contábeis

Centros de responsabilidade e contas contábeis são formas de organização dos recursos para melhoria do controle. Um gestor será responsável pela gestão desses recursos tendo *accountability* para tanto.

Segundo Atkinson e colaboradores (2011:626), um centro de responsabilidade é uma unidade da empresa na qual um gerente é responsável pelo controle na forma de custos (um centro de custos), de receitas (um centro de receitas), de resultado (um centro de resultado) ou retorno sobre investimento (um centro de investimento).

Um centro de responsabilidade é criado para descentralizar responsabilidade e autoridade. Para uma empresa crescer mantendo a competitividade, precisa descentralizar o controle. Seu gerente, se for efetivo, irá dirigir seu departamento de forma a fazer com que seus subordinados tenham congruência de objetivos, satisfazendo seus interesses e os interesses da empresa.

De forma simplificada, a conta contábil definirá o que foi gasto (conta de gastos) ou o que foi recebido (conta de receitas).

Vamos usar o exemplo da tabela 2 para melhorar o entendimento:

Tabela 2
Contas contábeis (natureza) × centros de responsabilidade (localização)

Natureza	Localização				
Pessoal	Financeiro	Contabilidade	Mkt	Produção	Empresa
Gerentes	10	10	30	50	100
Supervisores	12	15	20	35	82
Técnicos	10	20	25	40	95
	32	45	75	125	277

Fonte: Coura et al. (2009).

O exemplo apresentado na tabela 2 mostra uma conta contábil (pessoal) com três subcontas (gerentes, supervisores e técnicos). A conta contábil, nesse caso, está respondendo à pergunta: Com que é gasto (natureza)?, enquanto o centro de responsabilidade (nesse caso centro de custos, o mais comum dos centros de responsabilidade) está respondendo à pergunta: Quem gasta (localização)?

Em uma empresa, o sistema contábil que produz o relatório denominado demonstração do resultado do exercício (DRE) pode ser o mesmo que se usa para fazer o controle das unidades empresariais. O que o sistema faz, quando emite a DRE da empresa, é "esconder" os centros de responsabilidade, nesse caso, financeiro, contabilidade, marketing e produção, e as subcontas, nesse exemplo, gerentes, supervisores e técnicos, porque essas informações são gerenciais e não precisam ser abertas a pessoas ou entidades externas à empresa, tais como bancos, fisco e acionistas. O sistema é capaz, e geralmente o faz, de emitir uma pequena DRE para cada centro de responsabilidade.

Vamos ver se você entendeu o conceito. Suponha alguém casado. O marido/esposa dessa pessoa, dentro do orçamento pessoal, é um centro de responsabilidade ou uma conta contábil?

Resposta: um centro de responsabilidade, porque define quem gasta/ganha.

Temos observado que muitas empresas chamam todos os centros de responsabilidade de centro de custos. O conceito não é o mesmo. Vamos ver as diferenças.

Antes de falarmos dos diversos centros de responsabilidade, é importante relembrarmos a definição de eficiência e eficácia, de que tratamos no capítulo 1, para entender o potencial que cada centro de responsabilidade tem de contribuir para a geração de valor na empresa.

Eficiência é o consumo ótimo de recursos, dados os volumes de produção, e eficácia é a capacidade da empresa de cumprir sua missão. Portanto, eficiência mede a entrada do centro de responsabilidade, e eficácia mede a saída.

Centros de responsabilidade

Conforme ilustrado na figura 12, um centro de responsabilidade tem entradas, por exemplo, material e mão de obra, trabalha esses recursos geralmente necessitando de capital de giro, equipamentos e outros ativos e, como resultado, tem saídas que são os produtos/serviços. Dependendo do relacionamento entre entradas e saídas, ele terá uma classificação diferente.

Figura 12
Exemplo esquemático de um centro de responsabilidade

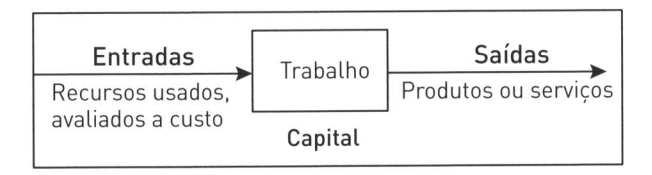

```
Entradas          →   Trabalho   →   Saídas
Recursos usados,                     Produtos ou serviços
avaliados a custo
                      Capital
```

O relacionamento entre as entradas, saídas e o capital empregado definirá se o centro de responsabilidade será de custo, de receita, de lucro ou de investimento, bem como a capacidade de controle do centro de responsabilidade em termos de eficiência e eficácia.

Centros de custo

Segundo Atkinson e colaboradores (2011), centros de custo são centros de responsabilidade em que os funcionários controlam custos, mas não controlam as receitas ou o nível de investimento. Virtualmente, todo o grupo de processo nas operações de serviços, como o departamento de compensação de um banco, ou em operações de manufatura, como um departamento de serragem em uma serraria, é candidato a ser tratado como centro de custos.

Em outras palavras, no centro de custos o controle das entradas é monetário, mas o das saídas não.

Um exemplo de centro de custos é um departamento de produção. Nele temos entradas monetárias: gastos com pessoal, aluguel, água, luz, matéria-prima etc., mas as saídas, neste caso, são físicas, ou seja, produtos.

Por isso, não conseguimos cruzar entradas com saídas monetárias, pois as entradas são monetárias, mas as saídas não são, dado que o departamento de produção não vende o produto e, por isso, podemos apenas medir a eficiência. Por exemplo, quanto mais produtos fizermos, com o mesmo orçamento, sem perda de qualidade, mais eficientes seremos.

As empresas avaliam o desempenho dos centros de custo por meio de orçamentos de gastos esperados, geralmente baseados no custo padrão, para posterior comparação com gastos reais. A maioria das unidades funcionais são centros de custos.

Centros de receita

Para Atkinson e colaboradores (2011), centros de receita são centros de responsabilidade em que os participantes controlam as receitas, mas não o custo de produção ou a aquisição do produto ou serviço que vendem, nem mesmo o nível de investimento. Um exemplo é o departamento de vendas de uma empresa. É comum que esses departamentos controlem preços, quantidades vendidas e *mix* de produtos, por exemplo.

No capítulo 4, vamos detalhar o controle desses departamentos, explicando as variações entre a receita real e a orçada.

Centros de lucro (ou de resultado)

Ainda de acordo com Atkinson e colaboradores (2011), centros de resultado são centros de responsabilidade em que os participantes controlam as receitas e os custos dos produtos ou serviços que produzem sendo um negócio independente, exceto pelo fato de que não controlam os investimentos realizados, sendo estes geridos pelo corporativo ou por outro gerente com autoridade hierárquica acima do centro de resultado.

Repare, leitor, que para ser um centro de resultado, as entradas (gastos) e saídas (receitas) precisam ser associadas umas com as outras. Alguns executivos são responsáveis por centros de custos e centros de receita ao mesmo tempo, mas não existe associação entre eles e, por isso, não são avaliados como um centro de resultado. Imagine, por exemplo, um departamento de vendas. O executivo chefe controla gastos de seu pessoal, água, luz, viagens etc. Além disso, é responsável por vendas de produtos e serviços. Porém, dado que esse executivo não controla os demais gastos da cadeia produtiva, a receita não guarda relação com os gastos, apenas de vendas, que ele controla. Por isso, ele seria controlado por centro de custos e de receitas de forma separada e não como centro de resultados.

Centros de investimento

Centros de investimento são, segundo Atkinson e colaboradores (2015), centros de responsabilidade em que os participantes controlam receitas, custos e o nível de investimento. O centro de investimento é como se fosse um negócio independente.

Uma unidade de negócios será um centro de lucro se for responsável unicamente pelos gastos operacionais, muito conhecido no mercado por Opex, acrônimo de *operational expenditures*, mas não pelos de capital, muito conhecido no mercado por Capex, acrônimo de *capital expenditures*, e será um centro de investimento se for responsável por esses dois tipos de gastos.

Você reparou que, novamente, é uma questão de *accountability*? A escolha se um centro de responsabilidade será centro de receita, de custo, de resultado ou de investimento está no grau de autoridade e responsabilidade que ele tem sobre receita, custo, resultado e investimento.

Nos centros de lucro e de investimento, conseguimos medir de forma monetária a eficiência (entradas do centro) e eficácia (saídas do centro).

Unidades de negócio são centros de lucro ou de investimento, dependendo de o executivo da unidade ter ou não autoridade sobre os investimentos (Capex).

A tabela 3 faz uma comparação entre os diversos centros de responsabilidade.

Tabela 3
Tipos de centros de responsabilidade

Fatores	Centro de custo	Centros de receita	Centro de lucro	Centro de investimento
Controlado pelo centro	Custos	Receitas	Custos e receitas	Custos, receita e significativo controle sobre investimentos
Não controlado pelo centro	Receitas, investimentos em inventário e ativos fixos	Custos, investimentos em inventário e ativos fixos	Investimento em inventário e ativos fixos	–
Medido pelo sistema contábil	Custos relativos a alguma meta (em geral um orçamento)	Receitas relativas a alguma meta (em geral um orçamento)	Lucro relativo a alguma meta (em geral um orçamento)	Retorno sobre investimento relativo a alguma meta
Não medido pelo sistema contábil	Desempenho de outros fatores de sucesso além do custo	Desempenho de outros fatores de sucesso além da receita	Desempenho de outros fatores de sucesso além do lucro	Desempenho de outros fatores de sucesso além do retorno sobre investimento

Fonte: Atkinson et al. (2011).

Custos para gestão de produtos *versus* custos para controle

Segundo Martins e Rocha (2015) a contabilidade de custos tem três grandes objetivos: gestão de produtos, controle e formação de estoque.

A formação de estoque é uma vertente da contabilidade de custos que está associada muito mais à apuração do resultado do que à gestão.

Para a gestão, o que difere a contabilidade de custos para tomada de decisão sobre produtos (venda, precificação, sistemas de custeio, bases de rateio etc.) da contabilidade de custos para controle dos centros de responsabilidade é o princípio da *accountability*.

É muito comum as empresas ratearem os gastos das unidades de apoio (funcionais) para as unidades de negócio, dado que as primeiras prestam serviços para as últimas. Se uma empresa acredita em um método de custeio que usa rateios para a gestão de seus produtos (absorção simples ou departamentalizado, ABC, RKW etc.) deve se apoiar nele para tomar decisões. Alguns desses métodos são muito eficientes para tais fins e, se bem utilizados, podem gerar vantagem competitiva. Porém um centro de responsabilidade deve ser controlado sem os rateios, visto que estes não seguem o princípio da *accountability*.

Imagine, por exemplo, que os funcionários de uma unidade de negócios (um centro de lucro ou de investimento) façam suas refeições no refeitório da empresa. Ao final do mês, os gastos desse refeitório serão rateados para os outros departamentos, inclusive para essa unidade de negócios, por número de funcionários ou por quilo de comida. Agora, imagine que esse refeitório seja muito ineficiente, comprando muito caro a matéria-prima para preparar as refeições, com funcionários demais, com muitos desperdícios. O rateio estará transferindo a ineficiência desse refeitório para os departamentos entre os quais os gastos foram rateados, você concorda? Muitos departamentos podem "estourar" seus orçamentos não porque fizeram um mau trabalho, mas porque receberam rateios acima da média esperada. Ou, ao contrário, um departamento pode atingir sua meta orçamentária não porque fez um bom trabalho, mas porque recebeu rateios abaixo do esperado. Portanto, os rateios transportam, de alguns centros de responsabilidade para outros, eficiências e ineficiências. Ou seja, se controlarmos um centro de responsabilidade incluindo os rateios, será muito difícil entender se ele foi ou não responsável por uma boa ou má performance.

Contudo, uma parte dessa história faz sentido: os departamentos de apoio prestam serviços para outros centros de responsabilidade. No nosso exemplo, o refeitório faz comida para os outros departamentos e precisamos criar alguma forma de o refeitório "cobrar" pelos serviços que presta, mas não por meio de rateios.

Vamos analisar, então, uma forma muito mais inteligente de fazer tais cobranças no capítulo 3, com as aplicações gerenciais do preço de transferência.

Resumo do capítulo

Começamos o capítulo 2 analisando as estruturas empresariais – funcional, unidade de negócios e matricial –, passando pelos centros de responsabilidade – centro de custos, centro de receita, centro de lucro e centro de investimento – e terminamos apresentando a diferença entre a contabilidade de custos para gestão de produto e a contabilidade de custos para controle, sendo que esta última precisa respeitar o princípio da *accountability*.

Vimos também que os centros de responsabilidade devem ser controlados antes dos rateios para evitar transferir eficiência ou ineficiência de um departamento para outro, assunto de que trataremos com mais detalhes no capítulo 3, em que abordaremos uma forma de entender melhor a eficiência e a eficácia dos centros de custos, sem a consideração dos rateios, assim como também examinaremos como transformar, gerencialmente, centros de custos em centros de lucro com aplicações gerenciais do preço de transferência.

3
Preço de transferência: aplicações gerenciais

Iremos analisar, neste capítulo, uma forma mais inteligente de controlar os centros de custos, transformando-os, gerencialmente, em centros de lucro, por meio de uma ferramenta chamada preço de transferência.

A discussão orçamentária em centros de lucro de uma empresa, por exemplo, uma unidade de negócios, é muito mais simples que em um departamento que é controlado como sendo um centro de custos. Isto ocorre pelo grau de descentralização do primeiro ser maior do que o do segundo, e vamos analisar essas razões.

Conceituação e propósito

Imaginemos que uma unidade de negócios gaste R$ 2 milhões a mais do que o previsto no orçamento, mas que com isso passe a gerar R$ 5 milhões a mais de receita. O resultado, linha de controle primordial de um centro de lucro, aumentará em R$ 3 milhões e o trabalho realizado será considerado efetivo, ou seja, eficiente e eficaz ao mesmo tempo.

Em centros de lucro, a descentralização tende a ser maior, porque o objetivo da unidade converge para o objetivo da empresa, que é a maximização do lucro.

Contudo, em centro de custos, a discussão orçamentária é muito mais complexa, devido à dificuldade de medir a efetividade. Ninguém conhece melhor um departamento do que as próprias pessoas que trabalham ali, mas o grau de descentralização das decisões nesses locais tende a ser menor, porque eles não geram receitas. Por isso os orçamentos de centros de custos são associados apenas a gastos. Portanto, para ter a missão orçamentária considerada cumprida, o que significa que os gastos realizados precisam ser iguais ou menores que os orçados, existe uma tendência natural dos gestores de centros de custos a inflar o orçamento para garantir que a tarefa dada será cumprida.

Por outro lado, os líderes corporativos, que estão preocupados com o aumento do lucro, tendem a desconfiar do orçamento de um departamento, devido a essa tendência natural, nascendo daí um problema de agência por essa incongruência de objetivos, que está relacionada à dificuldade que a empresa tem em entender como os centros de custos colaboram na formação do resultado.

Isso ocorre porque tais departamentos, em geral, são encarados como centros que não vendem nenhum produto ou serviço e, portanto, só têm responsabilidade e autoridade sobre seus gastos, mas não sobre a receita.

Buscando descentralizar o controle nesses centros, seguindo o princípio da *accountability*, algumas empresas usam uma ferramenta gerencial chamada de preço de transferência, que é um mecanismo cujo objetivo é entender melhor quais departamentos participam do resultado de forma positiva ou negativa, transformando centros de custos em centros de pseudolucro, ou seja, centros de custos que simulam a apuração de resultado (lucro ou prejuízo), por meio de lançamentos gerenciais.

Tais mecanismos apuram o resultado de centros de custos simulando a venda de produtos ou serviços entre unidades internas de uma mesma empresa. Assim, o preço de transferência gera receita para a unidade que vende o produto/serviço e custo para a unidade que o compra.

O segredo para entendermos preço de transferência é tratar cada unidade da empresa como se fossem empresas diferentes que vendem e compram produtos entre si.

Vamos analisar melhor esse conceito em um exemplo, demonstrado na figura 13, em que apresentamos uma empresa fictícia, chamada Tele Bom, que vende aparelhos de telefonia e é constituída por três departamentos, sendo eles: produção, embalagem e vendas.

O departamento de produção gasta R$ 45 para produzir o telefone, deixando-o pronto para o uso, mas não para a venda (se ele for ligado a uma linha telefônica e à energia elétrica conseguiremos usá-lo, mas o telefone não tem marca e nem embalagem).

O segundo departamento, de embalagem, recebe o telefone da área de produção, coloca a marca da empresa e embala o produto, deixando o telefone pronto para a venda. Ela gasta R$ 34 para fazer isso.

O último departamento, de vendas, vai até o mercado vender o telefone, gastando R$ 10 para fazer essa atividade (com logística, por exemplo), e vende o telefone a R$ 88.

Portanto, nessa operação a empresa tem prejuízo em cada telefone vendido de R$ 1, pois vende o telefone a R$ 88 e gasta R$ 89 com as atividades de produção, embalagem e venda.

Com a apuração tradicional de resultado, apenas conseguimos entender se a empresa está tendo lucro ou prejuízo vendendo o telefone, e para fazer uma boa gestão isso é muito pouco.

Além de saber se temos lucro ou prejuízo, precisamos saber quais departamentos estão contribuindo para o resultado da empresa de forma positiva ou negativa. A empresa ter operado com prejuízo não significa necessariamente que todos os departamentos fizeram um mau trabalho. Também não é porque a empresa operou com

Figura 13
Tele Bom: departamentos da empresa

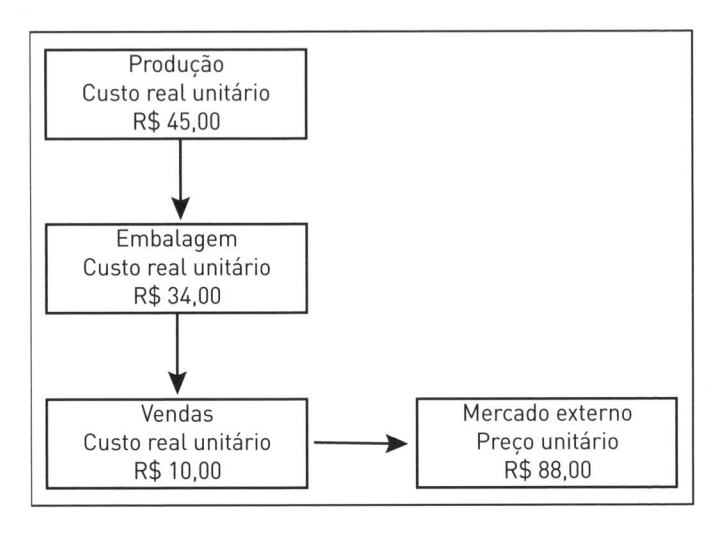

```
┌─────────────────────────────────────────────────────┐
│  ┌─────────────────────┐                            │
│  │      Produção       │                            │
│  │  Custo real unitário│                            │
│  │      R$ 45,00       │                            │
│  └──────────┬──────────┘                            │
│             │                                       │
│             ▼                                       │
│  ┌─────────────────────┐                            │
│  │     Embalagem       │                            │
│  │  Custo real unitário│                            │
│  │      R$ 34,00       │                            │
│  └──────────┬──────────┘                            │
│             │                                       │
│             ▼                                       │
│  ┌─────────────────────┐    ┌─────────────────────┐ │
│  │       Vendas        │    │   Mercado externo   │ │
│  │  Custo real unitário│───▶│   Preço unitário    │ │
│  │      R$ 10,00       │    │      R$ 88,00       │ │
│  └─────────────────────┘    └─────────────────────┘ │
└─────────────────────────────────────────────────────┘
```

lucro que, necessariamente, todos os departamentos fizeram um bom trabalho.

O preço de transferência nos ajudará a entender a participação isolada de cada departamento no resultado da empresa.

Saber a participação de uma unidade de negócios no resultado é fácil, já que ela gera lucro. O difícil é entender como uma unidade funcional, tradicional centro de custos, colabora com o resultado, e o preço de transferência fará isso de forma gerencial, transformando uma unidade funcional em unidade de negócios.

Existem quatro métodos clássicos para definir o preço de transferência: baseado no mercado, negociado, baseado em custo e duplo. Vamos examinar cada um deles e aplicá-los à Tele Bom.

Preço de transferência baseado no mercado

O preço de transferência baseado no mercado tenta medir a efetividade das divisões por meio da comparação com o mercado.

Esse método funciona na formação de preço usado em mercados de concorrência perfeita – *commodities*, por exemplo. Pesquisamos no mercado quanto se paga por um produto ou serviço semelhante, usando essa base para formar o preço.

Ao vender sua produção ou serviço, a unidade vendedora receberá uma receita (chamada de preço de transferência) e a unidade compradora pagará por esse produto ou serviço adquirido (o custo de transferência).

Vamos observar a figura 14.

Figura 14
Tele Bom: dinâmica com o mercado

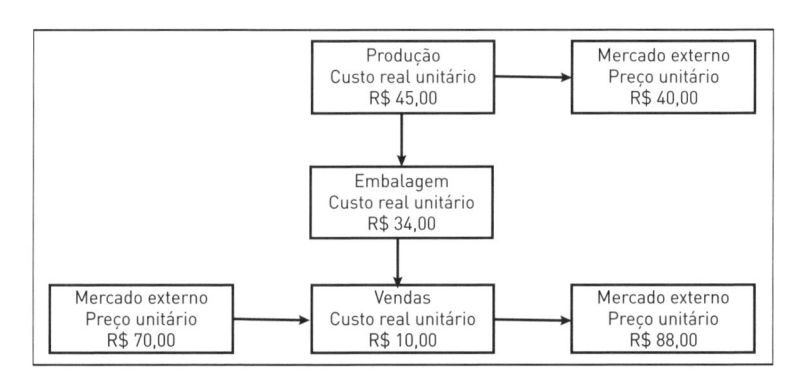

Produção	Mercado externo
Custo real unitário R$ 45,00	Preço unitário R$ 40,00

Embalagem
Custo real unitário R$ 34,00

Mercado externo	Vendas	Mercado externo
Preço unitário R$ 70,00	Custo real unitário R$ 10,00	Preço unitário R$ 88,00

Gerencialmente, a empresa modificou sua estrutura organizacional de funcional para unidade de negócios e implantou o preço de transferência com base no mercado.

Se a unidade que produz os telefones vendesse para o mercado, o preço médio que conseguiria obter seria R$ 40 por telefone.

Dessa forma, qual seria o valor justo para a unidade de produção vender o mesmo telefone para a unidade de negócios de embalagem, dentro da Tele Bom?

Você acertou se respondeu R$ 40, pois a lógica é: se a unidade de produção fosse vender para o mercado, venderia por R$ 40, e se a unidade de embalagem fosse comprar do mercado, compraria a R$ 40. Logo, o valor justo a comercializar entre ambas as unidades são os mesmos R$ 40.

E se a unidade de negócios de embalagem fosse vender o telefone já embalado para o mercado, por quanto venderia? Por R$ 70.

Logo, pela mesma lógica, o valor justo pelo qual esta área deveria vender cada telefone para a unidade de vendas seriam os mesmos R$ 70.

Veja agora que implementamos o preço de transferência, que neste caso foi com base no mercado, já podemos elaborar uma DRE (demonstração do resultado do exercício) gerencial para averiguar a contribuição na geração de riqueza da companhia que cada unidade de negócio traz com a venda de um telefone.

Observe que na DRE gerencial apresentada na tabela 4, o preço de transferência está baseado no mercado, e o custo de transferência possui o mesmo valor que o preço de transferência; o custo da unidade de negócios corresponde ao gasto real incorrido por esta, fato que já conhecíamos antes da implantação do preço de transferência, assim como conhecíamos o preço de venda ao consumidor praticado.

Verifique, leitor, que o somatório do resultado das unidades de negócio, que é gerencial, é de R$ (1) por telefone, sendo exatamente igual ao resultado financeiro da Tele Bom, conforme a tabela 5.

Se olharmos com cuidado, veremos que todos os lançamentos de preço de transferência desaparecem do sistema contábil e, ao final, ficam apenas os resultados financeiros.

Tabela 4
DRE gerencial: preço de transferência baseado no mercado

	DRE	Mercado
Produção	Preço de transferência	40,00
	Custo de transferência	–
	Custo da unidade	(45,00)
	Resultado	(5,00)
Embalagem	DRE	Mercado
	Preço de transferência	70,00
	Custo de transferência	(40,00)
	Custo da unidade	(34,00)
	Resultado	(4,00)
Vendas	DRE	Mercado
	Preço ao consumidor	88,00
	Custo de transferência	(70,00)
	Custo da unidade	(10,00)
	Resultado	8,00
Resultado das unidades de negócio		(1,00)
Resultado da empresa		(1,00)

Repare que a receita de transferência da unidade de produção é exatamente o custo de transferência da unidade de embalagem. A primeira "vende" para a segunda e o preço da primeira é o custo da segunda. Como esses lançamentos têm exatamente o mesmo valor, mas com sinais contrários, eles se anulam. O mesmo ocorre com a venda da unidade de embalagem para a unidade de vendas. O preço pelo qual a segunda unidade vende é exatamente o custo de transferência da terceira.

Tabela 5
DRE financeira

DRE	R$/unitário
Receita	88,00
Custo de produzir	(45,00)
Custo de embalar	(34,00)
Custo de vender	(10,00)
Resultado	(1,00)

Supondo que as unidades de negócio passem a ter sua remuneração variável associada à sua lucratividade, recebendo, anualmente, 10% do resultado obtido, teríamos agora um estímulo para que todas conduzissem seus esforços rumo a obter o maior resultado possível em suas unidades de negócio, com o objetivo de alavancar sua própria remuneração, fato que estaria alinhado com a estratégia da organização.

Perceba que as unidades de produção e embalagem são deficitárias e que por isso, com base nesse modelo, não seriam beneficiadas por sua contribuição para com a riqueza da organização, dado que, na verdade, trazem prejuízo, ao contrário da unidade de vendas.

Logo, ao estruturar a empresa em unidade de negócios, dando-lhes *acountability* para gerenciar suas operações, e implantar o preço de transferência, construímos um sistema de controle gerencial que irá influenciar o comportamento das pessoas para que ajam de forma congruente com objetivos da companhia.

Preço de transferência negociado

Apesar de, em situações regulares, o preço de mercado definir eficiência, existem situações em que as empresas negociam valores inferiores (caso em que uma empresa tem ociosidade e cobra valores abaixo dos praticados pelo mercado, por exemplo) ou superiores (como em um caso em que o produto está em escassez e cobra-se ágio) ao preço de mercado.

Logo, o preço de transferência negociado baseia-se na livre negociação entre as partes interessadas, a fim de que se chegue a um consenso sobre o valor pelo qual uma unidade de negócios venderá seus produtos/serviços a outra.

Vamos ilustrar com o mesmo exemplo que estávamos usando – da Tele Bom –, mas com um pequeno detalhe: a área de embalagem entende que o valor justo a pagar por um telefone é de R$ 40, refletindo a média de preço praticada no mercado, mas seus gestores acreditam que poderiam pleitear um desconto junto à área de produção, visto que dentro do preço praticado pelo mercado há um percentual de inadimplência, agregado na formação de preço, o que não deveria se aplicar às transações internas, dada a inexistência de inadimplência entre unidades de negócio de uma mesma organização.

Dessa forma, a unidade de embalagem acreditava ter um pleito legítimo e foi negociar com a área de produção, obtendo um desconto de 5%, ou seja, o preço de transferência da divisão de produção para a divisão de embalagem seria de R$ 38, e não de R$ 40, permanecendo todas as demais variáveis inalteradas.

Nesse cenário, teríamos a DRE das unidades de negócio, conforme a tabela 6.

Tabela 6
DRE gerencial: preço de transferência negociado

	DRE	Negociado
Produção	Preço de transferência	38,00
	Custo de transferência	–
	Custo da unidade	(45,00)
	Resultado	(7,00)
Embalagem	DRE	Negociado
	Preço de transferência	70,00
	Custo de transferência	(38,00)
	Custo da unidade	(34,00)
	Resultado	(2,00)
Vendas	DRE	Negociado
	Preço ao consumidor	88,00
	Custo de transferência	(70,00)
	Custo da unidade	(10,00)
	Resultado	8,00
Resultado das unidades de negócio		(1,00)
Resultado da empresa		(1,00)

Repare, leitor, que o preço de transferência da produção para a embalagem foi o negociado, de R$ 38, para retratar as condições comerciais que, de comum acordo, ambas as unidades de negócio assumiram, porém todo o mais permaneceu inalterado, inclusive o somatório das unidades de negócio (gerencial) que segue idêntico ao resultado da empresa (financeiro), de R$ 1 de prejuízo.

Preço de transferência baseado nos custos

Vamos imaginar que não há um mercado para a venda de produtos/serviços intermediários e, dessa forma, não há como usar o método de preço de transferência com base no mercado, nem um parâmetro para uma livre negociação.

Nesse caso, podemos formar o preço de transferência com base no custo, aplicando uma margem sobre o custo, que chamamos de *mark-up*.

Bem, temos aqui um primeiro obstáculo, que é definir qual seria o *mark-up* a ser utilizado, o que já remete ao fato de este método de preço de transferência guardar um componente de subjetividade, em comparação ao método com base no mercado.

Podemos conviver com essa subjetividade caso a administração da companhia defina uma premissa para a referida margem, que pode ser, por exemplo, a margem final esperada do produto a ser vendido, nesse caso, o telefone.

Porém, precisamos compreender que esse método, baseado nos custos, não é excelente como os métodos com base no mercado e o negociado, devendo ser utilizado apenas na impossibilidade de obtermos valores referenciais de mercado. No entanto, muitas vezes, em termos de gestão, não conseguimos operar sempre em condições excelentes.

PREÇO DE TRANSFERÊNCIA

Há, porém, uma questão extremamente relevante que precisamos considerar antes de elaborarmos nosso método de preço de transferência com base no custo, e para isto vamos observar o exemplo a seguir.

Formaremos o preço de transferência da Tele Bom com base em seus custos reais, acrescentando o *mark-up* determinado pela companhia, que é de 10% (alguns autores falam em preço a 110% dos custos, ou seja, 10% acima dos custos). Assim, os custos totais de cada unidade de negócio (os seus próprios, mais os custos de transferência) serão somados a 10% de margem para termos o preço de transferência.

Teríamos o cenário ilustrado na tabela 7.

Tabela 7
DRE gerencial: preço de transferência baseado no custo real

	DRE	Custo (real)
Produção	Preço de transferência	49,50
	Custo de transferência	–
	Custo da unidade	(45,00)
	Resultado	**4,50**
Embalagem	DRE	Custo (real)
	Preço de transferência	91,85
	Custo de transferência	(49,50)
	Custo da unidade	(34,00)
	Resultado	**8,35**
Vendas	DRE	Custo (real)
	Preço ao consumidor	88,00
	Custo de transferência	(91,85)
	Custo da unidade	(10,00)
	Resultado	**(13,85)**
Resultado das unidades de negócio		**(1,00)**
Resultado da empresa		**(1,00)**

Dado que o custo total da unidade de produção é de R$ 45, ao aplicarmos a margem de 10% teremos o preço de transferência de R$ 49,50 (R$ 45 × 1,1), que será o custo de transferência na unidade de embalagem.

Dessa forma, a divisão de embalagem agora possui custos totais de R$ 83,50 (R$ 49,50 + R$ 34) e, ao aplicarmos a margem de 10%, teremos o preço de transferência de R$ 91,85, que será o custo de transferência na unidade de vendas.

O que poderia dar errado ao implantarmos esse método de preço de transferência exatamente dessa forma? As unidades de produção e embalagem notariam que não importa o quão grandes sejam seus gastos totais, elas os repassarão à unidade compradora com uma margem de 10%, e assim sempre serão lucrativas e premiadas por isso, perdendo completamente o estímulo para serem eficientes.

A unidade de vendas, por sua vez, receberia toda a ineficiência da cadeia e não teria como repassar ao mercado, dado que opera em um ambiente competitivo, amargando assim constantes prejuízos e sofrendo com a falta de remuneração por não contribuir com a lucratividade da empresa.

Notamos que ao implantar o preço de transferência com base nos custos dessa forma, estamos incentivando as unidades de produção e embalagem a operarem de forma ineficiente, ou seja, quando maiores os custos, melhor a remuneração, e desestimulando a unidade de vendas, uma vez que não importa o quanto ela seja eficiente na gestão dos seus próprios gastos: seu resultado será sempre impactado pela ineficiência da cadeia.

Logo, como em controladoria o princípio da congruência de objetivos precisa ser observado, não podemos implementar o preço de transferência dessa forma, necessitando, então, revisar o método e, em vez de estabelecer o preço de transferência com base no custo real, considerar o custo padrão.

Formaremos, então, o preço de transferência da Tele Bom com base no seu custo padrão, que é aquele com que a unidade deveria estar operando se fosse eficiente, e não seus custos reais, acrescentando o *mark-up* determinado pela companhia, que é de 10%,

PREÇO DE TRANSFERÊNCIA

e supondo que o custo padrão das unidades são R$ 38 da unidade de produção e R$ 68,32 da unidade de embalagem.

Perceba, leitor, que o preço de transferência da unidade de produção para embalagem seria de R$ 41,80 (R$ 38 de custo padrão × 1,1), o que seria o custo de transferência na unidade de embalagem.

Pela mesma razão, o preço de transferência da unidade de embalagem seria de R$ 75,15 (R$ 68,32 de custo padrão × 1,1), sendo este o custo de transferência na unidade de vendas.

Teríamos, dessa forma, a DRE ilustrada na tabela 8.

Tabela 8
DRE gerencial: preço de transferência baseado no custo padrão

	DRE	Custo (padrão)
Produção	Preço de transferência	41,80
	Custo de transferência	–
	Custo da unidade	(45,00)
	Resultado	**(3,20)**
Embalagem	DRE	Custo (padrão)
	Preço de transferência	75,15
	Custo de transferência	(41,80)
	Custo da unidade	(34,00)
	Resultado	**(0,65)**
Vendas	DRE	Custo (padrão)
	Preço ao consumidor	88,00
	Custo de transferência	(75,15)
	Custo da unidade	(10,00)
	Resultado	**2,85**
Resultado das unidades de negócio		**(1,00)**
Resultado da empresa		**(1,00)**

Note que interessante: ao implementarmos o preço de transferência com base nos custos reais (ver tabela 7), as unidades de produção e embalagem seriam lucrativas e receberiam premiação por isso, mesmo sendo ineficientes (dado que o custo real de ambas é superior ao custo padrão), e a unidade de vendas arcaria com a ineficiência de ambas, sendo penalizada por algo fora de sua ingerência, convertendo-se em uma total inconsistência, inaceitável do ponto de vista gerencial.

Ao utilizarmos o preço de transferência com base no custo padrão (ver tabela 8), passamos a perceber a ineficiência das áreas de produção e embalagem, que não serão premiadas, e tampouco irão influenciar as operações, o resultado e o estímulo da área de vendas, passando agora a haver um sistema de controle gerencial, válido, congruente com os anseios corporativos e permitindo uma correta mensuração de performance e decisões gerenciais.

Logo, na impossibilidade de utilização do método com base no mercado/negociado, podemos utilizar o método com base no custo, mas desde que a base para aplicação do *mark-up* seja o custo padrão e não o custo real.

Preço de transferência duplo

Até agora, ao analisarmos o preço de transferência pelos métodos com base no mercado, negociado e baseado nos custos, observamos que o somatório dos resultados das unidades de negócio (gerencial) é igual ao resultado da companhia (financeiro) que, em nossos exemplos, é a Tele Bom. Isso porque o preço de transferência na unidade vendedora do produto/serviço é idêntico ao custo de transferência na unidade compradora.

Os valores referentes à implantação do preço de transferência (gerenciais) se anulam, restando apenas os valores financeiros, já conhecidos antes mesmo da implementação desse sistema de controle gerencial.

Contudo, há um quarto método clássico de preço de transferência, chamado preço de transferência pelo método duplo, sendo ele assim denominado justamente por utilizar dois métodos distintos na maneira de avaliar o resultado das operações das unidades de negócio.

De forma sumarizada, quem vende, vende "como se" estivesse operando pelo método com base no custo (padrão) e quem compra, compra "como se" estivesse operando pelo método de mercado.

Então, se colocarmos lado a lado as DREs que elaboramos quando estudamos a Tele Bom pelos métodos a mercado e a custo, poderemos elaborar uma nova DRE com base no método duplo.

Observe, na tabela 9, que pelo método duplo o preço de transferência da unidade de produção é o mesmo que seria se ela estivesse no método a custo, mas o custo de transferência, pago pela unidade de embalagem, é o mesmo que seria se ela estivesse no método a mercado, a mesma mecânica ocorrendo da divisão de embalagem para a de vendas.

No método duplo, o valor contabilizado como preço de venda é diferente do valor contabilizado como custo, e isso gera uma diferença, a mesma diferença quando comparamos o resultado das unidades de negócio com o resultado financeiro da empresa, e a esta chamamos de subsídio.

Qual a lógica de implementar o preço de transferência pelo método duplo?

Vamos imaginar a seguinte situação: a empresa HF tem oito unidades de negócio e cada uma delas possui suas áreas de serviços transacionais, que são as relacionados às suas atividades cotidianas, tais como contas a pagar, contas a receber, gerenciamento de ativo fixo, faturamento, folha de pagamento, contabilidade e pagamento de impostos, entre outras.

Em um dado momento, a HF percebe que há uma série de pessoas fazendo a mesma atividade, mas alocadas em distintas unidades de negócio, e entende que essas tarefas poderiam ser unificadas em uma nova unidade de negócios (a nona), chamada HFSC (HF Serviços Compartilhados), que poderia ter processos padronizados, sob um mesmo ambiente de gestão de informação

Tabela 9
DRE gerencial: preço de transferência pelo método duplo

		Mercado	Custo (padrão)	Duplo
Produção	DRE			
	Preço de transferência	40,00	41,80	41,80
	Custo de transferência	–	–	–
	Custo da unidade	(45,00)	(45,00)	(45,00)
	Resultado	(5,00)	(3,20)	(3,20)
Embalagem	DRE	Mercado	Custo (padrão)	Duplo
	Preço de transferência	70,00	75,15	75,15
	Custo de transferência	(40,00)	(41,80)	(40,00)
	Custo da unidade	(34,00)	(34,00)	(34,00)
	Resultado	(4,00)	(0,65)	1,15
Vendas	DRE	Mercado	Custo (padrão)	Duplo
	Preço ao consumidor	88,00	88,00	88,00
	Custo de transferência	(70,00)	(75,15)	(70,00)
	Custo da unidade	(10,00)	(10,00)	(10,00)
	Resultado	8,00	2,85	8,00
Resultado das unidades de negócio		(1,00)	(1,00)	5,95
Subsídio		–	–	6,95
Resultado da empresa		(1,00)	(1,00)	(1,00)

(*hardware* e *software*), e ganhar em produtividade, reduzindo os custos fixos da organização.

A HF solicitou aos gerentes gerais de cada uma das oito unidades de negócio existentes que transferissem os funcionários que trabalhassem nessas áreas transacionais para a HFSC, o que gerou um questionamento básico de cada um deles, que era o preço de transferência a ser cobrado das unidades existentes, dado que estas estariam dispostas a pagar, no máximo, o valor que já estavam pagando, que consideravam justo, consonantes com os praticados pelo mercado.

O presidente da HF informou que, no curto prazo, a HFSC, ao receber esses colaboradores, precisaria cobrar um valor maior do

PREÇO DE TRANSFERÊNCIA

que as unidades de negócio estavam pagando, e isso porque precisariam harmonizar os salários e benefícios dos mesmos, dado que passariam a ficar debaixo de uma mesma plataforma de negócios. Esse incremento, na média, seria da ordem de 40%, mas, à medida que as padronizações de processo ficassem mais robustas, haveria ganho de produtividade, que seria repassado aos negócios na forma de desconto, até que, em um momento futuro, os mesmos estariam pagando valores compatíveis com o mercado.

Ou seja, a expectativa da HF era ter seu custo fixo total reduzido e transformar-se em uma organização mais enxuta e ágil, e no futuro as unidades de negócio pagariam por esses serviços valores de mercado, mas precisariam contribuir, hoje, na realização da ideia.

Obviamente, os gerentes gerais das unidades de negócio ficaram extremamente preocupados e se recusaram a participar, dado que teriam seus custos incrementados em 40%, prejudicando sua lucratividade e bônus.

A matriz, em respeito ao princípio da *accountability*, não podia simplesmente obrigá-los a fazer essa transferência (ou seja, tirar-lhes poder de decidir sobre suas próprias operações) e depois cobrar-lhes colaboração com bons resultados (responsabilidade sobre a geração de riqueza) e reduzir-lhes a remuneração (dado que o custo mais elevado os afetaria).

Então, o que fazer nesse cenário em que viabilizar a HFSC é estratégico para a empresa, mas os objetivos da matriz e das unidades de negócio parecem, nesse exemplo, díspares?

Um gerente de uma das unidades de negócios sugeriu que fosse cobrado, por parte da HFSC, o mesmo valor que elas já estavam pagando, que era o valor que o mercado praticava, e todos concordariam em colaborar com a transferência.

O novo gerente geral da HFSC, por sua vez, informou ao presidente da HF que ele e sua equipe não se interessariam em trabalhar em uma unidade de negócios que, por três anos, de acordo com o plano de negócios, seria deficitária, até que se conseguisse estabilizar o negócio ganhando em produtividade, dado que ao longo desse período seriam medidos pela lucratividade e já sabiam que não iriam perceber nenhum estímulo em sua remuneração pelas melhorias trazidas ao longo três anos, até que, efetivamente, conseguissem transformar a estratégia da empresa em realidade, fazendo com que a HFSC fosse uma unidade de negócios rentável.

O *controller* propôs, então, a implantação do preço duplo, no qual as unidades de negócio pagariam pelos serviços prestados ao valor de mercado, conforme pleito feito por estes, para aceitarem aderir ao projeto, contudo a HFSC seria medida, ou seja, poderia vender seus serviços pelo método de custo padrão + *mark up*, o que levaria em conta as características de negócio embrionário da empresa, que, ao longo de três anos, precisaria incorrer em diversas estruturações e transformações.

Fazendo isso, a HF sabia que haveria uma diferença entre o somatório das nove unidades de negócio e o resultado da empresa, chamada de subsídio, e que este seria patrocinado pela matriz, que acredita em um projeto estratégico, que possui um plano de negócios com um período determinado (três anos) e que, decorrido esse tempo, a HFSC deveria passar a vender seus serviços a preço de mercado, extinguindo-se, assim, o subsídio estendido pelo corporativo.

Agora vamos imaginar que findo o prazo de três anos a HFSC passe a vender a preço de mercado, mas siga dando prejuízo. O que fazer?

Nessa hipótese, a HF teria algumas possibilidades, tais como treinar ou trocar pessoal, assim como optar por fechar a HFSC, voltando ao modelo antigo no qual os serviços transacionais eram tocados diretamente pelas unidades de negócio, desistindo da estratégia idealizada.

Esse foi um exemplo, com base em fatos reais, em que a unidade de serviço compartilhado pôde ser celebrada como um caso de sucesso, mas que foi, ao longo de três anos, subsidiada pela matriz com a prática do preço de transferência pelo método duplo.

Situação ideal para a implantação do preço de transferência

As aplicações gerenciais dos preços de transferência trazem para a empresa um ponto muito forte, mas um efeito colateral que precisa ser gerenciado.

O ponto forte é a capacidade que a ferramenta tem de entender as unidades da empresa que são eficientes e as que não são, usando as informações para ganhar eficiência investindo melhor em modelos de ganho de produtividade (qualidade total, reengenharia e *six*-sigma, por exemplo) ou, quando for o caso, terceirizando uma unidade ou uma parte do processo.

Porém, o ponto negativo da implantação dessa ferramenta de gestão é o aumento do conflito interno. As unidades irão se tratar, buscando ganhar eficiência, como clientes e fornecedores, e a busca por espaço pode gerar atritos, exatamente como acontece com a relação cliente/fornecedor real.

Existe uma situação ideal para que se possa implantar a ferramenta gerencial de preço de transferência, maximizando os benefícios e minimizando os riscos, e esta deve ser composta de cinco elementos – a existência de pessoal competente na organização, um ambiente colaborativo, a liberdade de escolha da fonte, um amplo fluxo de informação e a livre negociação entre as unidades de negócio – que detalharemos a seguir:

- *Pessoal competente*. É muito importante ter um time competente para deixar claro para as unidades que o objetivo aqui não é prejudicar ninguém, mas sim entender melhor as oportunidades de melhoria. Se todos melhoram, a empresa melhora.

- *Ambiente colaborativo.* Este elemento está intimamente ligado com a competência do time gerencial que cuidará do projeto de criação do preço de transferência. Se o time for competente, irá gerar um ambiente colaborativo; caso contrário, os conflitos internos serão significativamente prejudiciais à empresa.
- *Liberdade de escolha da fonte.* Existem empresas que usam preços de transferência apenas para comparação. Já outras empresas realmente deixam as unidades de negócio comprar ou vender produtos e serviços do mercado. O ponto fraco aqui é que a empresa pode duplicar seus custos tendo estrutura para fazer um produto ou serviço, enquanto as divisões estão comprando esses produtos ou serviços de fora. Porém é o poder de pressão decorrente da possibilidade de comprar de fora que faz com que as unidades melhorem. Se uma empresa tem uma unidade "A" que faz produtos ou serviços, mas nenhuma outra divisão da empresa quer comprar dela, é um sinal de que a divisão "A" não está gerando valor, e a empresa precisará pensar em formas de melhoria dessa unidade ou, se for o caso, avaliar a possibilidade de terceirização dos produtos ou serviços que ela oferece.
- *Amplo fluxo de informação.* A empresa que implantar preços de transferência precisará criar processos sistemáticos de busca de informação. Por exemplo, para implantar preço de transferência baseado no mercado, a empresa precisará ir periodicamente ao mercado fazer consulta de preços.
- *Livre negociação entre as unidades de negócio.* A empresa deve dar liberdade para que as unidades negociem entre elas os preços que irão praticar. Em situações regulares, se o

mercado for competitivo, as divisões negociarão entre elas preços muito próximos aos de mercado. Procedendo assim, as divisões, sempre que forem eficientes, tenderão a fazer negociações internas.

A figura 15 ilustra a situação ideal para implantar preços de transferência.

Figura 15
Situação ideal para a implantação de preços de transferência

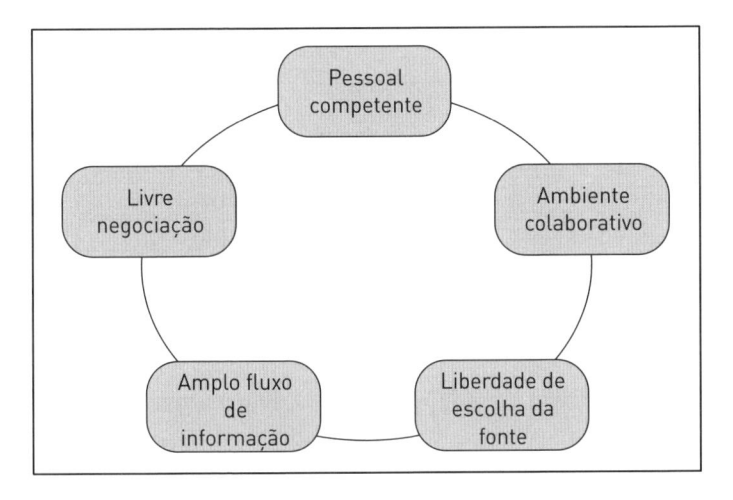

- Pessoal competente
- Ambiente colaborativo
- Liberdade de escolha da fonte
- Amplo fluxo de informação
- Livre negociação

Preço de transferência em unidades de serviço

Podemos potencializar o uso do mecanismo de preços de transferência utilizando outras técnicas de gestão, como o sistema de custeio por atividades (ABC – *activity based costing*), por exemplo, e melhorar o nível da descentralização. Vejamos a seguir.

O sistema de custeio por atividades: ABC (*activity based costing*)

Atividades são unidades de trabalho com objetivo específico, são as coisas que fazemos no dia a dia de nossa empresa.

Os sistemas de custeio tradicionais trabalham em nível de departamento, como mostra a figura 16, o que, na maioria das vezes, dificulta o entendimento do processo de formação de custos.

Figura 16
Atividades dentro da empresa

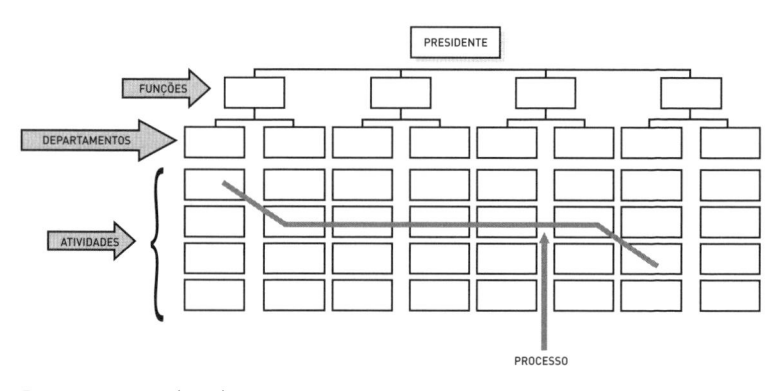

Fonte: Coura et al. (2009).

A lógica do ABC assume que são as atividades que consomem os recursos e não os produtos (assunção do sistema de custeio tradicional). No sistema de custeio por atividade, os objetos de custeio consomem as atividades, como mostra a figura 17.

O foco muda do simples entendimento do que é gasto (postura passiva) para o entendimento de como e por que esses recursos são gastos (postura ativa), dando chance à empresa de gerenciar seus custos com maior eficiência.

PREÇO DE TRANSFERÊNCIA

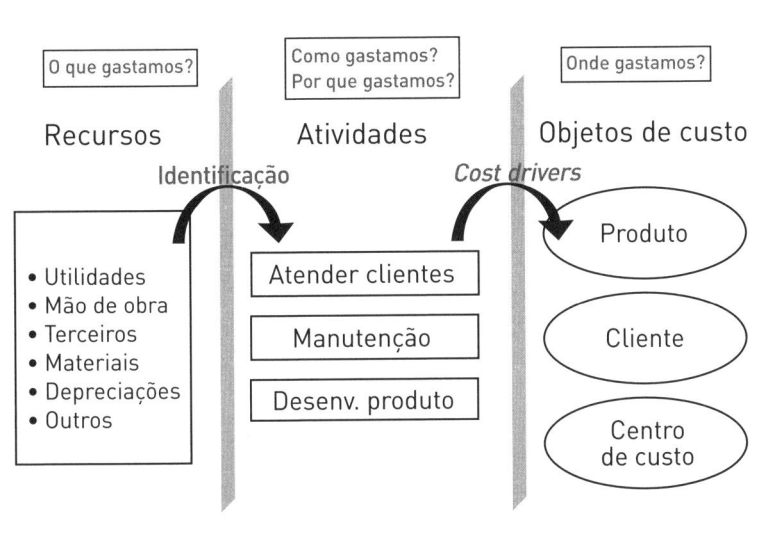

Figura 17
O sistema de custeio baseado em atividades

O que gastamos?	Como gastamos? Por que gastamos?	Onde gastamos?
Recursos	Atividades	Objetos de custo

Identificação → Cost drivers →

- Utilidades
- Mão de obra
- Terceiros
- Materiais
- Depreciações
- Outros

Atender clientes
Manutenção
Desenv. produto

Produto
Cliente
Centro de custo

Fonte: Coura et al. (2009).

Os *cost drivers* (direcionadores ou causadores de custos)

Os objetos de custeio consomem atividades. Para saber quanto custa um produto, serviço, cliente, fornecedor ou qualquer outro objeto a ser custeado, precisamos de um contador que expresse a relação causal entre a atividade e o que se quer custear. Essa relação causal é expressa pelos *cost drivers*, que são também chamados de direcionadores de custos ou causadores de custos. Se pensássemos em terceirizar uma atividade, a forma de cobrança seria o *driver*.

Por exemplo, imagine que sua empresa transporta os executivos com carros e motoristas próprios (atividade de transportar executivos). A empresa resolveu terceirizar essa atividade para uma companhia de táxi. Como os táxis cobram pela corrida?

Por quilômetro rodado e por tempo, correto? Então, nesse caso, o *driver* (causador de custo) é duplo: quilometragem e tempo. Vamos examinar, por exemplo, quatro atividades feitas dentro do departamento de RH: treinamento, pesquisa, recrutamento e folha de pagamento. Se fôssemos usar o método de custeio tradicional, iríamos escolher uma base de rateio que tentasse expressar os custos do RH. Uma boa escolha talvez fosse o número de funcionários da empresa, como observamos na parte esquerda da figura 18, entendendo que quanto mais funcionários a empresa tem, maior é o gasto com recursos humanos.

Figura 18
Causadores de custos do departamento de Recursos Humanos

Sistema tradicional	ABC
	Treinamento / Horas de treinamento
$ RH / # de funcionários	Pesquisa / # de pesquisas
	Recrutamento / # de recrutamentos
	Folha de pagamento / # de funcionários

Fonte: Coura et al. (2009).

Porém dentro do departamento de RH existem várias atividades que não têm relação com o número de funcionários e o causador de custos (*driver*) é diferente, como mostra a figura 18, em sua parte direita.

A seguir detalharemos cada um desses *drivers* para as atividades abaixo relacionadas.

- *Treinamento.* Será que a atividade de treinamento está relacionada ao número de funcionários? Algumas empresas com quantidade semelhante de funcionários treinam muito, outras treinam pouco. A quantidade de horas de treinamento, provavelmente, irá expressar melhor os custos com treinamento. Se terceirizarmos essa atividade, este deve ser o *driver* escolhido pela empresa que irá prestar o serviço.
- *Pesquisa.* Alguns departamentos de RH fazem pesquisa de mercado, por exemplo, pesquisa salarial. O número de funcionários da empresa diz pouco sobre os custos associados a essa atividade. Em alguns casos, o número de pesquisas que o RH faz define a quantidade de recursos gasta pelo departamento. Outra opção de *driver* seriam horas de pesquisa, por exemplo.
- *Recrutamento.* Será que o número de funcionários que a empresa tem está, necessariamente, associado aos recursos gastos com recrutamento? Muitas empresas têm altas taxas de *turn over*, isto é, taxa relativa à velocidade com que a empresa contrata e perde seus funcionários, enquanto outras, do mesmo tamanho, mantêm o funcionário por muitos anos. Para algumas empresas, o número de recrutamentos, e não o número de funcionários, expressa melhor os gastos com essa atividade.
- *Folha de pagamento.* Neste caso o número de funcionários parece ser um bom *driver*, expressando bem os gastos com a atividade.

Quando usar o ABC

Segundo Martins e Rocha (2015), o ABC é um sistema de custeio bastante útil quando um departamento tem muitos gastos indiretos e muita complexidade envolvida. Por mais que em uma empresa os *drivers* sejam diferentes dos aqui exemplificados, raramente um único *driver* conseguirá explicar bem as variações de custos em um departamento. Dessa forma, o modelo de custeio por atividade, por nos permitir trabalhar com múltiplos *drivers*, se encaixa bem.

Melhorando o processo orçamentário em alguns centros de serviço com ABC e preços de transferência

O processo de controle orçamentário em centros de resultado tem, em geral, maior congruência de objetivos entre a unidade de negócios e a empresa, pois ambas estão preocupadas com o resultado e não isoladamente com os gastos, que medem eficiência, ou com as receitas, que medem eficácia.

Se a unidade gastar, digamos, R$ 1 milhão a mais do que foi orçado, porém gerar R$ 5 milhões em receitas a mais do que o esperado, o resultado terá melhorado em R$ 4 milhões, apontando que a divisão foi mais efetiva (eficiente e eficaz ao mesmo tempo) do que o esperado.

Nos centros de resultado, como examinamos, o processo de descentralização é mais fácil porque os mecanismos de controle são mais efetivos. Assim, podemos descentralizar melhor o controle com a responsabilidade necessária para que isso aconteça, por meio de mecanismos mais sofisticados, como o indicador conhecido como EBITDA (*earnings before interest, tax, depreciation and amortization*), que significa lucro antes dos juros, impostos, depreciação e amortização, e que representa o potencial de geração de caixa com as operações da empresa; o valor econômico adicionado ou EVA (*economic value added*), também conhecido por lucro econômico; ou mesmo os vários tipos diferentes de lucro, tais como lucro bruto, lucro controlável, Lair etc.

Ao contrário, nos centros de custos o processo orçamentário tende a ser mais subjetivo devido, principalmente, à dificuldade de medir a efetividade.

Vamos usar como exemplo, novamente, o RH da empresa. Ninguém conhece melhor esse departamento do que as próprias pessoas que lá trabalham.

Em geral, uma área corporativa, representada em várias empresas pela controladoria, elabora um orçamento para o RH e o próprio departamento também faz seu orçamento. Para definir qual será o orçamento a ser considerado oficial, esses dois entes, controladoria e RH, conversam para chegar a um acordo. Tal conversa quase nunca é simples, por não terem a mesma congruência de objetivos, pois o RH não enxerga sua parcela de participação no lucro da empresa, o que é conseguido nas unidades de negócio, e a controladoria, se for esta a divisão que faz o orçamento corporativo, tende a achar que o RH irá superestimar seus gastos e discute o orçamento de uma forma, por vezes, preconceituosa.

Por outro lado, o RH, esperando que a controladoria corporativa vá solicitar cortes injustificáveis em seu orçamento, tende a inflar suas estimativas para evitar que cortem além de suas possibilidades de atingimento do plano.

Qual é o orçamento ótimo nesse caso? É muito difícil dizer... Como o RH não "vende" nada, fica difícil medir sua efetividade, não é?

Se olharmos com um pouco mais de cuidado, o RH "vende" atividade, que são serviços, e, usando o sistema de custeio por atividade, o ABC, podemos custear tais serviços.

Além disso, podemos comparar o custo desses serviços com o preço que o mercado cobra por atividades equivalentes e, por meio de preço de transferência baseado no mercado, transformar o RH, tradicional centro de custos, em uma unidade de negócios prestadora de atividades (serviços) de recursos humanos.

Imagine, por exemplo, que o RH de uma empresa faça as atividades descritas na figura 18, que usamos para exemplificar o sistema de custeio por atividade, e que o departamento financeiro tenha solicitado ao departamento de RH que recrute um analista de crédito.

Usando o ABC, podemos verificar o custo dessa atividade. Vamos supor que custe, em média, R$ 8 mil.

Podemos consultar quanto empresas de recrutamento, que prestam esse serviço com qualidade semelhante ao da nossa empresa, cobram por ele, supondo que seja, na média, R$ 10 mil. A tabela 10 mostra como iríamos apurar o resultado para o RH.

Tabela 10
Preço de transferência do RH eficiente para o financeiro

	RH	Financeiro	Empresa
Receita			0
Receita de transferência	10.000		10.000
Custo de transferência		(10.000)	(10.000)
Custo pleno	(8.000)		(8.000)
Resultado	2.000	(10.000)	(8.000)

Repare que o departamento financeiro não paga pelo custo do recrutamento, mas sim pelo preço pelo qual o mercado "comercializa" esse serviço. Tal mecanismo tem algumas vantagens de controle importantes. Vamos analisar duas.

PREÇO DE TRANSFERÊNCIA

Amplia a capacidade de descentralização

A empresa pode tratar um centro de custos como se fosse uma unidade de negócios, descentralizando e controlando melhor. Poderíamos, por exemplo, medir o lucro, o EBITDA e o EVA com mecanismos muito semelhantes a esse.

Na verdade, quando usamos preço de transferência para transformar centros de custos em centros de lucro, chamamos estes de centros de pseudolucro. Isso acontece porque, apesar de não estarmos gerando efetivamente lucro no departamento, estamos fazendo algo mais barato que o mercado e estamos deixando de gastar, o que, para fins de resultado, é a mesma coisa. Repare que no exemplo mencionado na tabela 10, ao gastar R$ 8 mil no RH ao invés de R$ 10 mil no mercado, estamos impactando o resultado positivamente em R$ 2 mil (deixando de gastar R$ 2 mil).

Melhora a accountability

Em um sistema de controle tradicional, é normal atribuir o custo dos departamentos de apoio ao de produção ou de serviço, por exemplo. Quando isso acontece, se o departamento de apoio é ineficiente, ele passa a ineficiência para o departamento seguinte, responsabilizando o departamento que recebeu os custos por algo sobre o que ele não tem responsabilidade. Por exemplo, imagine que o departamento de RH fosse muito ineficiente e só conseguisse fazer o recrutamento de um analista de crédito por R$ 12 mil, enquanto o mercado cobra R$ 10 mil por esse serviço. Nesse caso, o departamento financeiro estaria pagando pela ineficiência do RH, apesar de não ter nenhuma responsabilidade por isso. Com preço de transferência, tal ineficiência ficaria no próprio RH, como mostra a tabela 11.

Tabela 11
Preço de transferência do RH ineficiente para o financeiro

	RH	Financeiro	Empresa
Receita			0
Receita de transferência	10.000		10.000
Custo de transferência		(10.000)	(10.000)
Custo pleno	(12.000)		(12.000)
Resultado	(2.000)	(10.000)	(12.000)

Repare, leitor, que, apesar de ter custado R$ 12 mil, o departamento financeiro só pagou R$ 10 mil pelo serviço. Os R$ 2 mil da ineficiência ficaram no próprio departamento de RH, que é o responsável por esses gastos.

Resumo do capítulo

Neste capítulo, examinamos como usar gerencialmente os quatro métodos de preços de transferência mais utilizados: baseado no mercado, negociado, baseado nos custos e duplo.

Em seguida analisamos que a implantação do preço de transferência tem um ponto positivo muito forte: a melhoria do entendimento quanto à contribuição de cada unidade de negócio para o resultado da empresa, e isso se traduz em uma gestão melhor. Porém há também um ponto negativo, que é a possibilidade de aumento do conflito interno.

Portanto, para que a ferramenta gerencial de preço de transferência funcione, existe uma situação ideal de implantação, sendo esta composta dos seguintes elementos: a existência de pessoal competente na organização, um ambiente colaborativo, a liberdade de escolha da fonte, um amplo fluxo de informação e a livre negociação entre as unidades de negócio.

Por último, explicamos como utilizar os preços de transferência em unidades de serviço, que são tradicionais centros de custos.

Como essas unidades "vendem" atividades, o método se beneficiará muito da implantação do sistema de custeio por atividade (ABC – *activity based costing*).

A seguir, no capítulo 4, iremos estudar a importância da análise dos relatórios financeiros examinando três ferramentas relevantes: a normalização, a análise real e a segmentação dos efeitos combinados nas variações entre o real e o orçado.

4
Análise de relatórios de desempenho financeiro

Em geral, as empresas examinam seus relatórios financeiros de duas formas: (1) comparando o presente em relação ao passado, que é a evolução histórica, sendo comum as empresas analisarem períodos passados como sendo um mês, um trimestre, um semestre, um ano ou até períodos maiores que estes, em relação aos relatórios atuais; e (2) medindo o que aconteceu de fato na organização, o realizado, em relação ao que era esperado, ou seja, o orçamento.

Neste capítulo, estudaremos três importantes ferramentas de análise dos relatórios financeiros: a normalização, a análise real e a segmentação dos efeitos combinados nas variações entre o real e o orçado.

Contextualizando possíveis causas das variações

Quando, por exemplo, as empresas de capital aberto publicam seus relatórios financeiros correntes em jornais, em geral mostram alguns anos passados para que o investidor possa tirar suas conclusões sobre a evolução financeira da organização.

Vamos tomar como exemplo um caso baseado em fatos reais, no qual um executivo, ao deixar a direção de uma grande empresa que aqui chamaremos de XPTO, fez a seguinte afirmação em um jornal de grande circulação: "Durante a minha gestão, a receita da empresa cresceu de R$ 5,514 bilhões em 1999 para R$ 7,043 bilhões, em 2003, e o EBITDA aumentou de R$ 1,529 bilhão para R$ 1,783 bilhão no mesmo período".

Supondo que receita e EBITDA sejam ótimos indicadores para entender se o executivo cumpriu bem seu papel – o que na verdade não é tão simples assim, pois esses indicadores são importantes dentro de um contexto, mas, de forma isolada, não são suficientes para atestar se houve ou não uma boa gestão –, a dúvida que fica é se ter crescido aproximadamente 28% em receita e 17% no EBITDA é bom.

E se a inflação foi maior que esses percentuais de crescimento? A empresa teria crescimento nominal, mas não real (descontando a inflação).

Além disso, para fazer uma análise melhor, é importante olharmos o que aconteceu com o mercado. Esse aumento pode ter ocorrido em um período no qual o mercado cresceu muito, mas o crescimento da empresa, embora acima da inflação, foi bem inferior à média do mercado. Ou pode ocorrer de, nesse período, ter havido uma grande crise no mercado e o crescimento da empresa, embora abaixo da inflação, ter sido acima da média do mercado.

É comum também mudanças na estrutura societária da empresa levarem a grandes mudanças no resultado. Por exemplo, grandes fusões ou aquisições podem modificar muito a receita, gastos e resultado e, portanto, essas grandes variações precisam ser levadas em consideração para analisar a evolução dos relatórios financeiros. É fácil ver tais mudanças, por exemplo, se pensarmos na fusão da Antarctica e da Brahma, criando a AmBev.

Outro ponto relevante é a mudança na legislação contábil. A comparação entre um período e outro pode ficar prejudicada porque uma conta do balanço deixou de existir ou alguma nova conta foi criada, como a conta de ativo intangível, criada no balanço com o processo de convergência para as normas contábeis internacionais, por exemplo.

Portanto, para fazer uma adequada análise da evolução dos relatórios financeiros de uma empresa, alguns fatores são importantes. Entre eles:

- variáveis macroeconômicas (inflação, taxas de câmbio etc.);
- evolução do mercado;
- mudança estrutural (fusão e aquisição, por exemplo);
- mudança de legislação contábil.

Revistas especializadas, que analisam a conjuntura do mercado, são excelentes ferramentas para essa análise como, por exemplo, a revista *Conjuntura Econômica*, de publicação da FGV, e a revista *Exame Melhores e Maiores*, publicada pela editora Abril.

Ferramentas de análise dos relatórios financeiros

Normalização

Todo produto tem um ciclo de vida. Imagine que a figura 19 represente bem o ciclo de um produto que tem 20 anos de "vida". O eixo "y", que não foi colocado para melhor visualizar a figura, seria a venda estimada.

É natural que o gerente desse produto espere vendas sempre crescentes nos primeiros anos. Porém é possível também que esse produto passe por uma fase de estagnação, seguida por declínio, quando, por exemplo, começa a ser substituído por uma tecnologia mais moderna.

Se olharmos apenas para o passado, podemos criar falsas expectativas de venda, achando que o produto tende sempre a crescer.

No caso do ciclo de vida do produto da figura 19, esperamos vendas

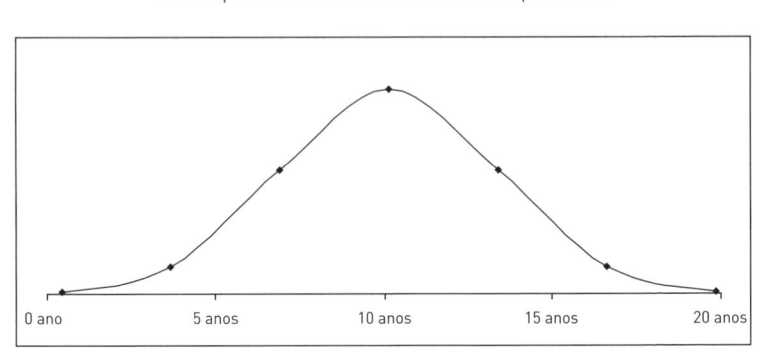

Figura 19
Exemplo de ciclo de vida de um produto

| 0 ano | 5 anos | 10 anos | 15 anos | 20 anos |

Fonte: Coura e Pavan (2014).

cada vez maiores até, aproximadamente, o 10º ano, mas sabemos que ele deve ter vendas decrescentes daí em diante. Para isso serve o orçamento. O orçamento é um relatório de controle que tenta incorporar variáveis futuras e não apenas variáveis passadas. Um bom orçamento mantém os funcionários sempre motivados, definindo metas desafiadoras, mas passíveis de serem alcançadas.

Uma importante atividade da área de controladoria é elaborar a análise do orçamento, visando acompanhar se o esperado está ou não acontecendo, explicando as causas que fizeram o realizado ser diferente do orçado, quando isso acontece.

Em geral, os orçamentos são ferramentas de controle muito importantes para que a empresa possa descentralizar o controle, e são gerenciados por seus executivos. Sendo assim, e visando criar congruência de objetivos, a organização associa parte da remuneração desses executivos ao cumprimento dos orçamentos pelos quais eles são responsáveis ou corresponsáveis.

Porém, quando o orçamento é criado, a empresa elabora uma série de premissas sobre o comportamento do mercado, dos preços, do clima, da taxa de câmbio, da concorrência etc. Como as premissas são baseadas em previsões e, por mais que os modelos preditivos atualmente utilizados sejam consideravelmente melhores do que os modelos utilizados no passado, são estimativas, e muitos fatores não são controláveis.

Portanto, quando analisamos o que aconteceu (realizado) em relação às previsões (orçado), alguns fatores que não são controláveis pelos funcionários da empresa, responsáveis pelo orçamento, podem ter impactado significativamente o que era esperado pela companhia. Vamos examinar, a seguir, três exemplos.

1) *Pílulas de farinha*. Há algum tempo, um conceituado laboratório multinacional teve um problema sério em sua subsidiária brasileira. Um lote de pílulas anticoncepcionais sem o princípio ativo – e, portanto, denominado placebo – que seria usado apenas em testes de um novo equipamento de embalagem, foi desviado da companhia, em lugar de ser incinerado, e vendido como a medicação real.

Mulheres que engravidaram afirmaram ter tomado pílulas desse lote e atribuíram a gravidez à falta de eficácia do remédio, que elas chamaram de "pílula de farinha". Para investigar o caso, o Ministério da Saúde fechou o laboratório que fabricava esse medicamento por alguns meses.

Na época, o mercado de pílulas anticoncepcionais brasileiro era dominado por três multinacionais, representadas aqui por suas filiais. Entre estas empresas estava o laboratório que teve sua produção brasileira interrompida.

No ano anterior ao problema com a "pílula de farinha", os três laboratórios fizeram orçamento para o ano subsequente, período em que ocorreu o incidente que relatamos. É fácil imaginar que o orçamento de receitas feito pelos dois outros laboratórios, que não passaram por esse problema, foi cumprido com facilidade. Porém, até que ponto o aumento de vendas foi fruto de uma boa gestão comercial?

2) *Caso Varig.* Há alguns anos, a Varig passou por uma grave crise financeira, antes de ser adquirida pela GOL. No período em que aconteceu esse fato, se o orçamento da TAM não tivesse contemplado essa premissa, será que teria sido difícil cumpri-lo?

3) *Mal da vaca louca.* Segundo o *site* Saúde Animal (www.saudeanimal.com.br), a doença da vaca louca, também conhecida como *bovine spongiform encephalopathy* (BSE), traduzida como encefalopatia bovina espongiforme, surgiu no Reino Unido em 1986 e se disseminou para outros países da Comunidade Europeia, devido à reciclagem, sem controle, de carne, ossos, sangue e vísceras usados na fabricação de ração animal.

Em 1995, um inglês de 19 anos foi a primeira vítima da doença de Creutzfeldt-Jakob, uma encefalopatia espongiforme transmissível, que acomete os humanos, e cuja origem foi atribuída à ingestão de carne contaminada.

Foram constatados vários casos de encefalopatias em pessoas, devido ao consumo de carne de animais contaminados. De lá para cá, a doença, que dizimou rebanhos na Europa, já foi detectada em vários países, entre eles o Canadá e os Estados Unidos. No Brasil, não existem casos registrados, e dado que o uso da proteína animal na fabricação de ração para bovinos é proibida e a maior parte do rebanho nacional se alimenta de pastagens, evidenciamos fatores de mitigação do risco de desenvolvimento da doença.

Quando ocorreu o mal da vaca louca no Reino Unido, muitas empresas do mercado de carne bovina perderam milhões em vendas no mundo todo. Será que o orçamento dessas empresas previa este fator?

Analise, leitor, as três situações apresentadas. Quanto do resultado realizado estava associado a uma boa gestão e quanto foi fruto da conjuntura do mercado? É uma pergunta difícil de responder, mas é função da controladoria se esforçar nesse sentido. Esta tentativa de tirar os efeitos exógenos, aqueles que não são controláveis pelos gestores, da análise entre o realizado e o orçado é o que chamamos de normalização dos relatórios financeiros.

A normalização dos relatórios financeiros é muito importante para que os orçamentos possam ser ferramentas de controle que mantenham os colaboradores motivados na busca do atingimento dos objetivos corporativos. Um orçamento bem elaborado (e controlado) cria congruência entre os objetivos pessoais e organizacionais.

Análise real: a evolução financeira da empresa descontando a inflação dos relatórios

Quando analisamos o crescimento da empresa por alguns anos, podemos ter a falsa impressão que ela cresceu muito. Porém, se o crescimento foi abaixo da inflação, essa empresa teve crescimento nominal, mas não teve crescimento real. Portanto, uma empresa pode ter crescido, mas ter perdido poder de compra, que foi corroído pela inflação.

Vamos analisar este tema com um exemplo hipotético dado anteriormente, baseado em fatos reais, para verificarmos como retirar o efeito inflacionário dos relatórios financeiros: um executivo, ao deixar a direção da XPTO, uma grande empresa, fez a seguinte afirmação em um jornal de grande circulação: "Durante a minha gestão, a receita da empresa cresceu de R$ 5,514 bilhões em 1999 para R$ 7,043 bilhões, em 2003, e o EBITDA aumentou de R$ 1,529 bilhão para R$ 1,783 bilhão no mesmo período".

Supondo que receita e EBITDA sejam ótimos indicadores para entender se o executivo cumpriu bem seu papel, o que na verdade não é tão simples assim pelos motivos que relatamos, ter crescido aproximadamente 28% em receita e 17% no EBITDA é bom?

Para responder a essa pergunta, o primeiro passo é achar a inflação acumulada no período, de 2000 até 2003, conforme demonstrado na tabela 12. Os economistas usam vários indicadores de inflação. Nesse caso, usaremos o IPCA, porque é o indicador oficial utilizado pelo governo.

Tabela 12
IPCA – IBGE

Ano	2000	2001	2002	2003
Jan.	0,62%	0,57%	0,52%	2,25%
Fev.	0,13%	0,46%	0,36%	1,57%
Mar.	0,22%	0,38%	0,60%	1,23%
Abr.	0,42%	0,58%	0,80%	0,97%
Maio	0,01%	0,41%	0,21%	0,61%
Jun.	0,23%	0,52%	0,42%	-0,15%
Jul.	1,61%	1,33%	1,19%	0,20%
Ago.	1,31%	0,70%	0,65%	0,34%
Set.	0,23%	0,28%	0,72%	0,78%
Out.	0,14%	0,83%	1,31%	0,29%
Nov.	0,32%	0,71%	3,02%	0,34%
Dez.	0,59%	0,65%	2,10%	0,52%
Acumulado	5,97%	7,67%	12,53%	9,30%

Fonte: IBGE.

Para achar a inflação acumulada nos quatro anos, precisamos multiplicar os fatores da inflação (1 + i) de cada um desses anos, a mesma metodologia usada para calcular a inflação anual.

Em 2000, por exemplo, multiplicam-se todos os fatores, de janeiro a dezembro, achando 1,0597. Depois tiramos 1 e multiplicamos por 100, chegando à inflação em 2000 de 5,97%, conforme a tabela 12.

Assim, 1,0597 × 1,0767 × 1,1253 × 1,093 = 1,4034. Ou seja, um fator de inflação acumulada que corresponde a 40,34% no período.

Para compararmos o efeito do crescimento, precisamos agora atualizar a receita de 1999 pela inflação acumulada até 2003, para podermos analisar os dois anos com base no mesmo poder de compra, relativo ao relatório de 2003, para verificar se ocorreu crescimento real.

Para isso, multiplicamos os dados nominais de 1999 pelo fator da inflação nesse período, que foi 1,4034, obtendo uma base passível de comparação com o realizado em 2003, conforme explicitado na tabela 13, a qual chamamos de 1999 corrigido.

Tabela 13
Análise horizontal nominal de uma cia. de mineração (em R$ milhões)

	Nominal		
	1999	2003	Variação
Receita	5.514	7.043	27,73%
EBITDA	1.529	1.783	16,61%

1,4034 ×

	Real		
	2003	2003	Variação
Receita	7.738	7.043	-8,99%
EBITDA	2.146	1.783	-16,91%

Assim, podemos verificar, por meio da tabela 13, que, apesar de ter ocorrido crescimento nominal no período, ocorreu declínio real, o que é mais importante.

Uma ferramenta muito comum para análise do desempenho histórico das empresas é a análise dos demonstrativos financeiros. As organizações usam a análise horizontal, isto é, a análise da variação das contas contábeis por alguns períodos, em geral três ou quatro anos.

Agora, que já estudamos como atualizar monetariamente os relatórios financeiros, podemos examinar como proceder à análise horizontal, previamente tirando o efeito da inflação, usando o exemplo de uma companhia de mineração, em que, na tabela 14, encontramos a análise horizontal de alguns de seus indicadores financeiros. O relatório mostra quatro anos de informações que podem ser comparadas. A coluna AH é a análise do crescimento do ano em estudo em relação ao ano anterior. Assim, por exemplo, a receita de 2006 cresceu, em relação a 2005, 32,24% e a de 2005, em relação a 2004, cresceu 21,81%.

Tabela 14
Análise horizontal nominal de uma cia.
de mineração (em R$ milhões)

	2006	AH	2005	AH	2004	AH	2003
Receita	R$ 46.746	32,24%	R$ 35.350	21,81%	R$ 29.020	38,88%	R$ 20.895
EBITDA	R$ 22.759	36,27%	R$ 16.701	36,35%	R$ 12.249	51,22%	R$ 8.100
Lucro líquido	R$ 13.431	28,61%	R$ 10.443	61,66%	R$ 6.460	43,27%	R$ 4.509

Para fazermos a analise horizontal real, precisamos primeiro do IPCA de 2004 a 2006, que podemos conseguir no *site* do IBGE (www.ibge.gov.br), cujos percentuais constam na tabela 15.

Tabela 15
IPCA de 2004 a 2006

IPCA	Inflação	Fator
2004	7,60%	1,0760
2005	5,59%	1,0559
2006	3,14%	1,0314

Fonte: IBGE.

O próximo passo é, com base na inflação, atualizarmos os relatórios financeiros anuais da companhia de mineração para o mesmo poder de compra de 2006, para compararmos se ocorreu crescimento real.

ANÁLISE DE RELATÓRIOS DE DESEMPENHO FINANCEIRO

Assim, o relatório de 2003 sofrerá correção da inflação relativa aos anos de 2004, 2005 e 2006 (1,0760 × 1,0559 × 1,0314 = 1,1718 ou 17,18% de inflação no período); o relatório de 2004 sofrerá correção relativa aos anos de 2005 e 2006 (1,0559 × 1,0314 = 1,0891 ou 8,91% de inflação no período); e o relatório de 2005 sofrerá correção apenas da inflação do ano de 2006 (3,14% de inflação no período). A tabela 16 busca ilustrar.

Tabela 16
Análise horizontal real de uma cia. de mineração:
fatores de correção (R$ milhões)

	2006	AH	2005	AH	2004	AH	2003
Receita	R$ 46.746	32,24%	R$ 35.350	21,81%	R$ 29.020	38,88%	R$ 20.895
EBITDA	R$ 22.759	36,27%	R$ 16.701	36,35%	R$ 12.249	51,22%	R$ 8.100
Lucro líquido	R$ 13.431	28,61%	R$ 10.443	61,66%	R$ 6.460	43,27%	R$ 4.509
Impacto da inflação			2006		2005/2006		2004/2005/2006
Fator acumulado			1,0314		1,0891		1,1718

Multiplicando o relatório do ano pelo fator acumulado do período – por exemplo: a receita nominal de 2003 foi de R$ 20.895 × fator acumulado de 2004 a 2006 de 1,1718 = R$ 24.485, que é a receita nominal daquele ano corrigida para valores reais de 2006 –, teremos todos os quatro anos com o mesmo poder de compra do relatório de 2006, conforme apresentado na tabela 17.

Tabela 17
Análise horizontal real de uma cia. de mineração,
em poder de compra de 2006 (R$ milhões)

	2006	AH	2005	AH	2004	AH	2003
Receita	R$ 46.746	28,21%	R$ 36.460	15,36%	R$ 31.604	29,08%	R$ 24.485
EBITDA	R$ 22.759	32,12%	R$ 17.225	29,13%	R$ 13.340	40,54%	R$ 9.492
Lucro líquido	R$ 13.431	24,70%	R$ 10.771	53,10%	R$ 7.035	33,15%	R$ 5.284

Dessa forma, podemos verificar que ocorre crescimento dos três indicadores estudados da companhia de mineração (receita,

EBITDA e lucro líquido), mas, como era de se esperar, o crescimento real é menor que o nominal.

Segmentação dos efeitos combinados nas diferenças entre o real e o orçado

Conforme destacamos anteriormente, uma ferramenta de controle muito utilizada é o orçamento, e uma tarefa de alta relevância da controladoria é explicar as variações que ocorrem no realizado em comparação com o orçado. Vamos usar a figura 20 para explicitar as variações possíveis de um orçamento.

Figura 20
Exemplo de variações que impactam o resultado

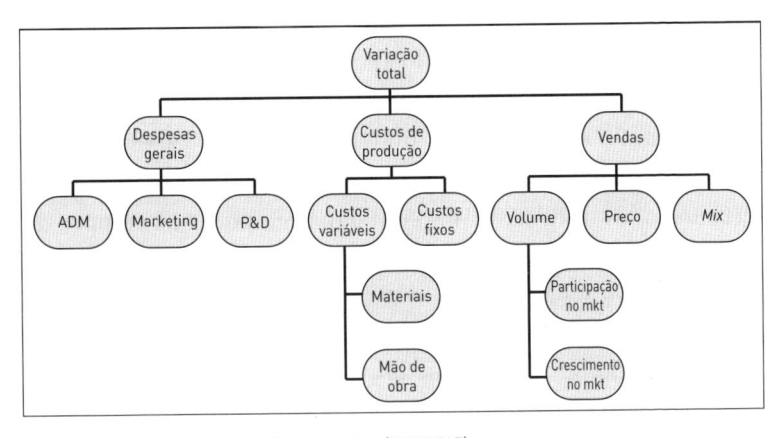

```
                          Variação
                           total
         ┌───────────────────┼───────────────────┐
    Despesas           Custos de              Vendas
     gerais            produção
   ┌────┼────┐        ┌────┴────┐         ┌────┼────┐
  ADM Marketing P&D  Custos   Custos    Volume Preço  Mix
                   variáveis  fixos
                       │                    │
                   Materiais            Participação
                                          no mkt
                   Mão de              Crescimento
                    obra                  no mkt
```

Fonte: Adaptada de Anthony e Govindarajan (2002:515).

Explicar os motivos das variações produto a produto não é tarefa das mais difíceis.

Por exemplo, um supermercado pode ter gerado uma receita menor do que a esperada para determinada marca de cerveja porque fez uma promoção esperando ter aumentos consideráveis no volume de vendas, o que não aconteceu.

Porém, quando a controladoria explica as variações entre real e orçado para os executivos chefes de unidades de negócio, por exemplo, e essas pessoas são responsáveis por muitos itens, elas estão mais preocupadas com o efeito resultante de variações em todos os produtos do que com o impacto individual, dado que a variação produto a produto é mais importante para, por exemplo, o gerente de um item específico.

Portanto, como mostra a figura 20, o real pode variar em relação ao orçado por vários fatores.

Aprender a segmentar essas variações na maior quantidade de frações possível é uma ferramenta muito importante para entender melhor quais estratégias negociais deram certo e quais foram ineficientes.

Por exemplo, quando a receita de uma empresa não correspondeu ao que se esperava, quanto da variação entre real e orçado estava relacionada a fatores como dar mais ou menos descontos do que o esperado (variação no preço), vender uma composição de produtos do portfólio da empresa diferente do esperado (variação do *mix*), vender mais ou menos produtos do que o esperado (variação no volume)? Além disso, a empresa pode ter aumentado muito o volume de vendas porque o mercado em que ela estava inserida cresceu, mas, mesmo assim, ela perdeu participação nesse mercado.

Nesse caso, pode ser que o pessoal de vendas não tenha feito um trabalho tão bom assim, tendo, apenas, sido "levados pelos bons ventos".

Ao contrário, o mercado poderia estar em retração, mas o pessoal de vendas foi tão capaz que conseguiu ganhar muito *market share* (participação no mercado) e, mesmo com o mercado caindo, vendeu-se mais do que o esperado.

Vamos analisar alguns desses efeitos combinados no resultado focando esse estudo na análise da variação da receita.

Contudo, vale esclarecer que esta não é a única segmentação das variações que pode ser estudada, como mostra a figura 20. As segmentações podem ser feitas para receitas, custos e despesas.

A seguir, iremos estudar a importância da análise dos relatórios financeiros examinando três ferramentas relevantes: a normalização, a análise real e a segmentação dos efeitos combinados nas variações entre o real e o orçado.

Análise da variação da receita

Para iniciarmos o estudo, vamos recorrer a um exemplo. Suponha que a família de Getúlio fosse dona de um açougue. O sr. Vargas, pai de Getúlio, teve de se ausentar e deixou o açougue sob sua responsabilidade. Seu pai tinha acabado de receber uma ligação de um cliente antigo que estava fazendo um churrasco e perguntou se a picanha estava macia. Como a resposta foi positiva, o cliente havia falado para o sr. Vargas que estava indo para o açougue comprar um quilo de picanha, que ele vendia a R$ 50,00.

O sr. Vargas saiu, deixando com Getúlio a incumbência de atender bem o cliente. Getúlio, que tinha acabado de realizar um curso de administração de empresas, queria mostrar ao seu pai que era capaz de administrar os negócios da família e ficou pensando em uma forma de surpreendê-lo quando retornasse.

O administrador neófito sabia que seu pai esperava, ao voltar, encontrar no caixa da empresa R$ 50,00 relativos à picanha que o cliente viria buscar.

Quando o cliente chegou, Getúlio o fez uma proposta de que se comprasse quatro quilos em vez de um quilo, venderia a picanha por R$ 40,00 o quilo, ou seja, um desconto de R$ 10,00 no quilo do produto.

O cliente aceitou a oferta e levou os quatro quilos. Qual foi a variação entre o que o sr. Vargas esperava que acontecesse (orçamento) e o que realmente aconteceu (real)?

Tabela 18
Variação na receita

	Preço	Quantidade	Receita
Orçado	R$ 50	1	R$ 50
Real	R$ 40	4	R$ 160
Variação	(R$ 10)	3	R$ 110

Quando o sr. Vargas chegou, empolgado por ter conseguido R$ 110 a mais do que seu pai esperava, Getúlio foi correndo contar a novidade.

Para seu espanto, o sr. Vargas não ficou muito satisfeito com o ocorrido: "Filho, você deu um desconto muito grande!".

Tentando contra-argumentar, Getúlio disse: "Mas, pai, eu vendi bem mais do que o senhor esperava".

É fácil entender que, na atitude de Getúlio, dois efeitos geraram o aumento de R$ 110, um positivo e um negativo: o aumento do volume vendido (quantidade vendida) impactou positivamente a receita, mas o desconto a impactou negativamente.

Vamos examinar o que o efeito isolado da quantidade e o efeito isolado do preço geraram na receita.

A primeira pergunta a ser feita nesse caso é a seguinte: quando damos descontos para vender mais, nesse caso R$ 10 de desconto para vender três quilos a mais, esse desconto age apenas sobre as unidades a mais que vendemos ou sobre tudo o que vendemos? Age sobre tudo que vendemos, a quantidade real vendida.

Assim, para sabermos o efeito do preço no resultado, multiplicamos a variação do preço, o desconto (ou preço real menos preço orçado) pela quantidade real vendida, ou seja:

$$\Delta Q = (Qr - Qo) \times Po$$

onde:
ΔQ = impacto na receita pela variação de quantidade;
Qr = quantidade real;
Qo = quantidade orçada;
Po = preço orçado.

Aplicando ao caso: ΔQ = (R$ 40 – R$ 50) × 4 = –R$ 40.

Para estudar o efeito isolado da variação de quantidade na variação da receita, precisamos ignorar que o preço variou, ou seja, multiplicamos a variação de quantidade real menos a orçada pelo preço orçado, o que é dado pela fórmula:

$$\Delta Q = (Qr - Qo) \times Po$$

onde:
ΔQ = impacto na receita pela variação de quantidade;
Qr = quantidade real;
Qo = quantidade orçada;
Po = preço orçado.

Aplicando ao caso: ΔQ = (4 – 1) × R$ 50 = R$ 150, onde evidenciamos que vendendo três quilos a mais, sem dar o desconto, o impacto na receita deveria ser de R$ 150, mas foi menor, dado o fato de termos dado o desconto, o que foi calculado, anteriormente, quando examinamos a variação de preço.

Agora podemos separar a variação da receita nos dois fatores isolados: variação de preço e de quantidade, conforme é apresentada na tabela 19.

Tabela 19
Variação na receita, segmentada por preço e quantidade

	Receita
Preço	(R$ 40)
Quantidade	R$ 150
Variação na receita	R$ 110

Um exemplo com mais produtos

Para analisarmos outras variações importantes, vamos passar para um caso hipotético, em que a empresa tenha mais produtos.

A empresa BEV vende três produtos: A, B e C, e a variação entre a receita real e a orçada em determinado período foi apresentada na tabela 20.

Tabela 20
Orçado × real

Produto	Orçamento			
	Preço unit. (R$)	Quantidade	Mix de vendas	Receita (R$)
A	1,00	123.000	30,00%	123.000
B	2,00	143.500	35,00%	287.000
C	3,00	143.500	35,00%	430.500
Total	–	410.000	100%	840.500

Produto	Real			
	Preço unit. (R$)	Quantidade	Mix de vendas	Receita (R$)
A	0,80	135.000	30,00%	108.000
B	2,50	202.500	45,00%	506.250
C	2,20	112.500	25,00%	247.500
Total	–	450.000	100%	861.750

CONTROLADORIA

Vamos usar as técnicas aplicadas ao caso das picanhas, para definirmos mais algumas variáveis que impactaram a variação da receita da BEV, cujo efeito conjunto foi positivo, pois faturamos R$ 21.250 a mais do que o esperado.

Impacto na receita por variações internas: preço, quantidade e *mix*

O impacto na receita pela variação do preço é dado pela fórmula:

$$\Delta P = \Sigma\ (Pr - Po) \times Qr$$

onde:
ΔP = impacto na receita pela variação do preço;
Pr = preço real;
Po = preço orçado;
Qr = quantidade real.

Assim, aplicando o mesmo raciocínio das picanhas para os três produtos da BEV, temos os valores apresentados na tabela 21.

Tabela 21
Variação de preço

Produto	(1) Preço unitário real	(2) Preço unitário orçado	(1) – (2) (3) Desvio unitário de preço	(4) Quantidade real (unidades)	(3)×(4) Desvio total de preço
A	0,80	1,00	(0,20)	135.000	(27.000,00)
B	2,50	2,00	0,50	202.500	101.250,00
C	2,20	3,00	(0,80)	112.500	(90.000,00)
Total				450.000	(15.750,00)

Dessa forma, já podemos dizer que no impacto positivo no orçamento de receita de R$ 21.250 nem tudo foi positivo. A empresa deu descontos maiores do que os esperados, impactando negativamente em R$ 15.750 o orçamento, conforme pode ser visualizado na figura 21.

Figura 21
Variação de preço da BEV

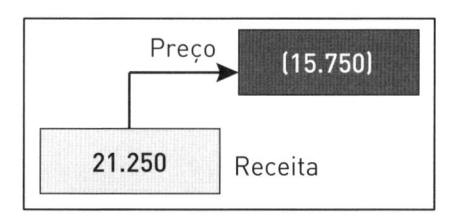

```
        Preço    ┌──────────┐
          │    ─▶│ (15.750) │
          │      └──────────┘
    ┌─────┴──┐
    │ 21.250 │    Receita
    └────────┘
```

Impacto na receita pela variação combinada de quantidade e *mix*

Se o impacto total na variação no orçamento de receita foi de R$ 21.250 e o efeito isolado de preço foi negativo em R$ 15.750, é de se esperar que os outros efeitos combinados sejam positivos, para compensar o efeito negativo do preço e ainda gerar um efeito positivo na receita.

Ainda, por diferença, se a variação na receita é R$ 21.250 e no preço é negativa de R$ 15.750, os outros efeitos precisam ser de R$ 37.000, para compensar o efeito negativo do preço de R$ 15.750 e provocar o efeito positivo na receita de R$ 21.250, o que pode ser observado na figura 22.

Para estudar os outros efeitos, vamos relembrar o caso das picanhas e, ao analisarmos o impacto da variação da quantidade no aumento de receita da BEV, calculando a quantidade real menos a quantidade orçada e multiplicando pelo preço orçado de cada produto, teremos o exposto na tabela 22.

Figura 22
Outras variações excluindo preço

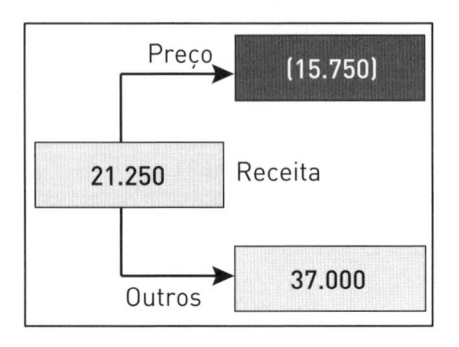

```
    Preço ──► (15.750)

 21.250    Receita

    Outros ──► 37.000
```

Tabela 22
Verificando se é variação de quantidade

Produto (1)	Quantidade real (2)	Quantidade orçada (3)	Desvio (4) 2 – 3	Preço unitário orçado R$ (5)	Desvio R$ (6) 4 × 5
A	135.000	123.000	12.000	1,00	12.000
B	202.500	143.500	59.000	2,00	118.000
C	112.500	143.500	(31.000)	3,00	**(93.000)**
Total	450.000	410.000	40.000	–	37.000

Com esse cálculo, chegamos aos R$ 37.000 mencionados na figura 22. Agora, uma pergunta: nesses R$ 37.000 estão efeitos apenas relacionados à variação de quantidade? Se isso for verdade, caso não ocorresse variação total na quantidade, o resultado deveria ser zero. Você concorda?

Vamos examinar a simulação apresentada na tabela 23.

Repare que a quantidade total não variou entre o real e o orçado, pois em ambos os casos temos 410 mil unidades, mas ocorreu um impacto positivo na receita de R$ 32.000. Ou seja, se existem situações em que mesmo a quantidade total não variando a receita continua tendo variações, esse efeito não pode ser apenas associado à quantidade. Que efeito está sendo combinado com a quantidade, então?

Tabela 23
Simulação

Produto (1)	Quantidade real (2)	Quantidade orçado (3)	Desvio (4) 2 - 3	Preço unitário orçado R$ (5)	Desvio R$ (6) 4 × 5
A	80.000	123.000	(43.000)	1	(43.000)
B	197.500	143.500	54.000	2	108.000
C	132.500	143.500	(11.000)	3	(33.000)
Total	410.000	410.000	0	-	32.000

Imagine que sua empresa pretende vender três produtos: um produto que custa R$ 10, outro que custa R$ 100 e um terceiro que custa R$ 1.000. Se isso acontecer, a receita será de R$ 1.110 (R$ 10 + R$ 100 + R$ 1.000). Porém, ela pode vender a mesma quantidade, três produtos, mas ter uma receita bem diferente dessa. Por exemplo, se vendesse três unidades do produto mais caro, a receita seria de R$ 3.000 (três unidades × R$ 1.000). Esse é o efeito *mix*.

Logo, a variação da receita, além de sofrer os efeitos de variação de preço e de quantidade, também sofre o efeito de vender produtos da sua linha de itens mais caros ou mais baratos do que o esperado. Por isso, na simulação da tabela 23, apesar de não haver variação na quantidade total, continua existindo impacto na receita.

No caso da picanha, tal efeito não aparecia porque havia apenas um produto e, sendo assim, obviamente, não existia *mix*.

Formalizando, a variação combinada de quantidade e *mix* é calculada pela seguinte equação:

$$\Delta (Q + M) = \Sigma (Qr - Qo) \times Po$$

onde:

$\Delta(Q + M)$ = impacto na receita pela variação combinada de quantidade e *mix*;
Qr = quantidade real (por produto);
Qo = quantidade orçada (por produto);
Po = preço orçado (por produto).

Agora, leitor, já podemos identificar dois efeitos dentro dos R$ 37.000 mencionados como outras variações além de preço, no caso da BEV. Um, associado à quantidade, que é impactado por vender mais ou menos produtos, e outro, associado ao *mix*, impactado por vender produtos mais caros ou mais baratos da nossa linha de produtos ou serviços, como podemos observar na figura 23.

Figura 23
Outras variações excluindo preço

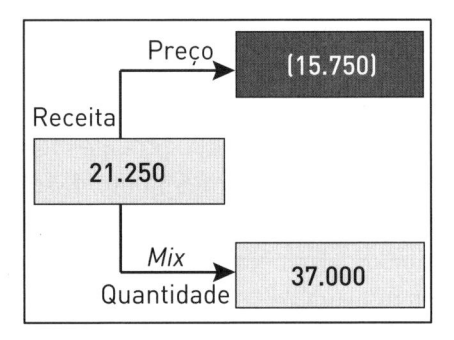

```
          Preço     ┌──────────┐
       ┌──────────▶ │ (15.750) │
Receita│            └──────────┘
       │
       ┌──────────┐
       │  21.250  │
       └──────────┘
           │
           │  Mix     ┌──────────┐
           └────────▶ │  37.000  │
          Quantidade  └──────────┘
```

Impacto na receita pela variação de quantidade

Vamos inicialmente separar dos R$ 37.000 o que está associado apenas à quantidade.

Para isso, vamos relembrar, na tabela 24, alguns dados importantes que já havíamos apresentado.

Repare, leitor, que a empresa vendeu 40 mil unidades a mais do que o esperado.

Para isolarmos o efeito da variação de quantidade na receita, é só imaginarmos que para os efeitos *mix* e preço não influenciarem na conta é só supormos que nenhuma dessas variáveis mudou, ou seja, *mix* e preço foram iguais ao orçado.

Tabela 24
Orçado × real

Produto	Preço unit. (R$)	Orçamento Quantidade	Mix de vendas	Receita (R$)
A	1,00	123.000	30,00%	123.000
B	2,00	143.500	35,00%	287.000
C	3,00	143.500	35,00%	430.500
Total	-	410.000	100%	840.500

Produto	Preço unit. (R$)	Real Quantidade	Mix de vendas	Receita (R$)
A	0,80	135.000	30,00%	108.000
B	2,50	202.500	45,00%	506.250
C	2,20	112.500	25,00%	247.500
Total	-	450.000	100%	861.750

Assim, para o *mix* da empresa se manter o mesmo, deveríamos ter vendido os 40 mil a mais na proporção de 30%, 35% e 35% e, no que diz respeito a preço, teríamos R$ 1, R$ 2 e R$ 3, respectivamente, dos produtos A, B e C.

Para obtermos a monetização pelo fato de termos um aumento na quantidade de 40 mil unidades, basta multiplicarmos essa quantidade pelo *mix* e preço orçados, conforme demonstrado na figura 24.

Formalizando, para sabermos o impacto do efeito apenas da quantidade no resultado, fazemos:

$$\Delta Q = \Sigma\ (QTr - QTo) \times Mo \times Po$$

onde:

ΔQ = impacto na receita pela variação da quantidade;
QTr = quantidade total real;
QTo = quantidade total orçada;
Mo = *mix* orçado do produto;
Po = preço orçado do produto.

Figura 24
Calculando a variação isolada da quantidade

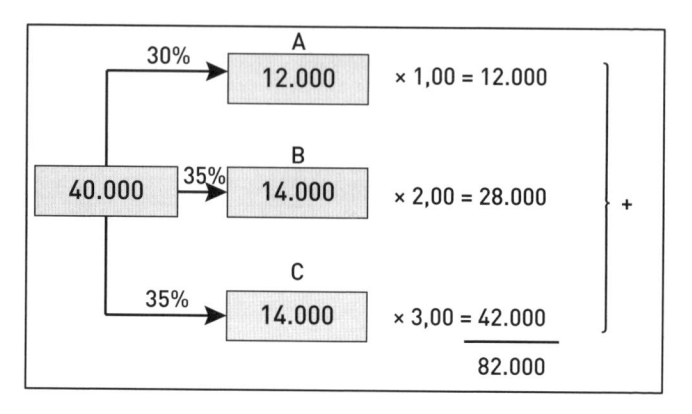

```
           A
   30% → 12.000    × 1,00 = 12.000
           B
40.000 35%→ 14.000  × 2,00 = 28.000      +
           C
   35% → 14.000    × 3,00 = 42.000
                             ─────────
                             82.000
```

Colocando esse raciocínio na tabela 25, temos o que se segue.

Tabela 25
Variação de quantidade

Produto (1)	Volume real (2)	Volume orçado (3)	% orçado do mix (4)	Preço unitário orçado R$ (5)	Desvio R$ (6) (2-3) × 4 × 5
A	450.000	410.000	30%	1,00	12.000,00
B	450.000	410.000	35%	2,00	28.000,00
C	450.000	410.000	35%	3,00	42.000,00
Total			100%	–	82.000,00

Ou seja, até agora temos as seguintes variações, conforme se pode visualizar na figura 25.

Impacto na receita pela variação do *mix*

Fica fácil visualizar que o efeito *mix* foi negativo, ou seja, equivalente a R$ (45.000), demonstrado na figura 26, onde calculamos variação do *mix* + quantidade de R$ 37.000 menos R$ 82.000 de variação apenas de quantidade.

Figura 25
Variação isolada da quantidade

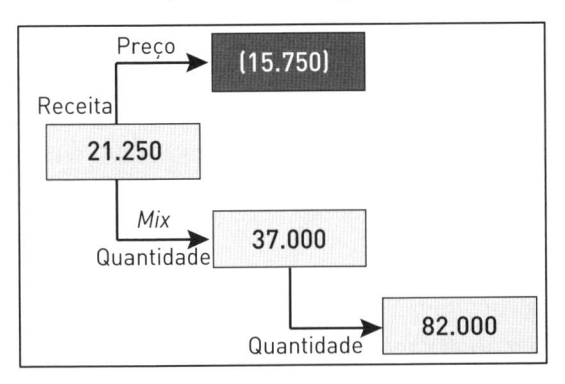

Receita
Preço → (15.750)
21.250
Mix
Quantidade → 37.000
Quantidade → 82.000

Isso quer dizer que vendemos mais produtos de menor valor do que imaginávamos.

Figura 26
Variação do *mix*

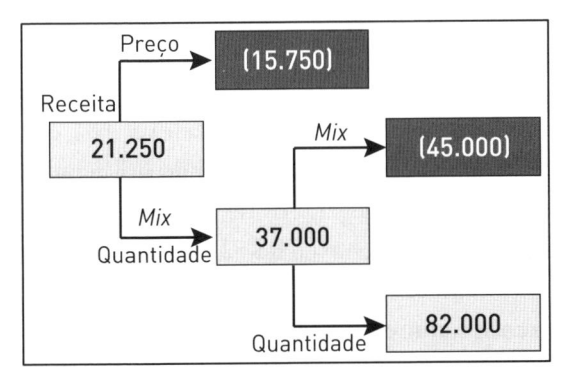

Receita
Preço → (15.750)
21.250
Mix → (45.000)
Mix
Quantidade → 37.000
Quantidade → 82.000

Dado esse racional, a fórmula da variação de *mix* é dada por:

$$\Delta M = \Delta(Q + M) - \Delta Q$$

onde:

ΔM = impacto na receita pela variação do *mix*;
Δ(Q + M) = impacto na receita pela variação combinada de quantidade e mix;
ΔQ = impacto na receita pela variação da quantidade.

Portanto, já estudamos isoladamente cada um dos três efeitos que agem sobre a variação da receita: preço, quantidade e *mix*.

Impacto na receita por variações externas: mercado e *market share* (participação de mercado)

Já conseguimos segmentar a receita em três grandes variáveis: preço, quantidade e *mix*, conforme a figura 26.

O impacto positivo na receita de R$ 21.250, variação entre o realizado e o orçado, foi gerado por dois impactos negativos e um positivo. A empresa deu descontos acima do esperado, impactando negativamente a receita em R$ 15.750, vendeu mais produtos de menor valor em detrimento dos mais caros, impactando também negativamente a receita em R$ 45.000, mas esses efeitos foram mais que compensados pelo aumento na quantidade vendida, que impactou a receita positivamente em R$ 82.000, sendo suficiente para cobrir os efeitos negativos e ainda gerar os R$ 21.250 de impacto positivo.

Mas será que esse aumento de R$ 82.000 na receita, gerado pelo aumento de vendas, está associado a uma boa gestão comercial?

Será que esse aumento pode ter acontecido pelo fato de o mercado estar em grande expansão e a empresa estar apenas se beneficiando, sendo esse efeito pouco relacionado com uma administração efetiva?

Por outro lado, pode ocorrer de o mercado estar em grande retração, mas o executivo de vendas estar fazendo um trabalho excepcional, e com isso ganhando mercado que antes pertencia à concorrência, apresentando crescimento de vendas mesmo em um cenário difícil?

Existem dois grandes efeitos associados à quantidade: um é o crescimento/redução do mercado e o outro é o ganho/perda de participação no mercado (*market share*).

O efeito de ganho/perda de *market share* está muito mais associado à boa gestão do que o efeito de variação de mercado. Um bom gestor, quando o mercado cresce, faz a empresa crescer mais que o mercado, pois ganha também em *market share*, e quando o mercado decresce ele faz a empresa perder menos vendas do que a média do mercado.

Como separar o efeito da variação do mercado do efeito da participação no mercado que, somados, geraram o impacto de R$ 82.000? Como esse efeito é positivo, é fácil entender que a empresa vendeu mais, porém, quanto dessa venda está associado à boa administração?

Para responder a essa pergunta, precisamos ter informações do mercado no qual a empresa está inserida. Observe a tabela 26, onde podemos visualizar que o mercado teve expansão de 45 mil unidades em relação ao que se esperava.

Tabela 26
Variação do mercado

	Volume de vendas do mercado (real)	Volume de vendas do mercado (orçado)	Desvio em volume	Desvio (%)
Total	770.000	725.000	45.000	6,2%

CONTROLADORIA

Impacto da oscilação do mercado na variação da receita (ΔMkt)

Como o mercado cresceu em comparação ao orçado, se a empresa não perdesse nem ganhasse *market share*, ela teria simplesmente aproveitado o cenário favorável. Vamos analisar o *market share* orçado da empresa, apresentado na tabela 27.

Tabela 27
Calculando o *market share*

	Real	Orçado
Mercado	770.000	725.000
Empresa	450.000	410.000
Market share	58,44%	56,55%

O *market share* que a empresa esperava no orçamento era de 56,55% (410.000 ÷ 725.000), ou seja, para não perder nem ganhar em participação, dado que o mercado cresceu 45 mil unidades em relação ao que se esperava, a empresa deveria ficar com 56,55% dessas unidades a mais, equivalendo a 25.448 unidades (45.000 × 56,55%), e é fácil ver que ela vendeu mais do que isso. A BVE vendeu 40 mil unidades a mais, pois o total de unidades vendidas foi de 450 mil unidades, enquanto a quantidade orçada foi de 410 mil.

Porém, queremos saber o efeito dessas unidades vendidas a mais na receita da empresa e, para isso, precisamos multiplicar estas unidades pelo preço médio.

Já estudamos separadamente os efeitos preço e *mix*; por isso, para evitar que esses dois efeitos se misturem a esse resultado, vamos utilizar o preço médio orçado, sendo este calculado dividindo a receita orçada pela quantidade orçada, conforme a tabela 28.

Tabela 28
Market share

Preço médio orçado (A ÷ B)	
Receita orçada (A)	840.500
Quantidade orçada (B)	410.000
Preço médio orçado (A ÷ B)	2,05

Portanto, como a quantidade que precisaríamos vender que nos possibilitaria manter o *market share* aproveitando apenas o crescimento do mercado, sem influências de boa gestão, é de 25.448 e o preço médio é de 2,05, o impacto na receita devido ao mercado ter crescido é de R$ 52.169, como ilustrado na figura 27.

Figura 27
Variação do crescimento do mercado

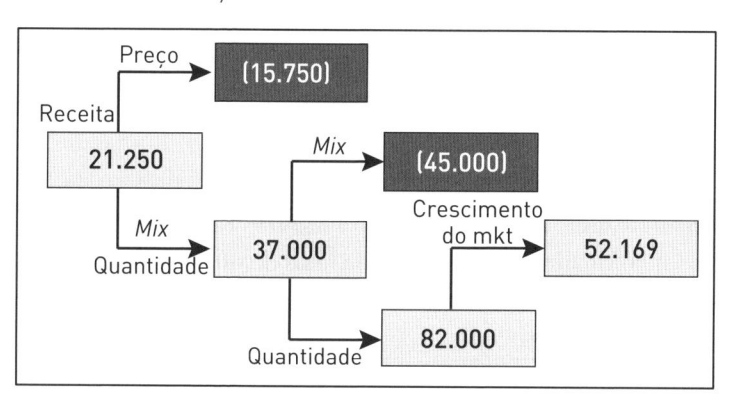

```
Receita ──Preço──► (15.750)
   │
21.250 ──Mix──► (45.000)
   │                      Crescimento
   │                       do mkt
   └──Mix──► 37.000 ──────────────► 52.169
      Quantidade
                └──► 82.000
                  Quantidade
```

Temos, dessa forma, a seguinte formulação para o cálculo da oscilação do mercado que impacta na variação da receita:

$$\Delta Mkt = (Qrm - Qom) \times MSo \times PMo$$

onde:
ΔMkt = impacto da oscilação do mercado na variação da receita;

Qrm = quantidade real de venda do mercado;
Qom = quantidade orçada de venda do mercado;
MSo = *market share* orçado da empresa;
PMo = preço médio orçado da empresa.

Impacto do ganho de *market share* na variação da receita (ΔMkts)

Assim como fizemos para o *mix*, por diferença podemos achar quanto da variação da receita foi impactado pelo ganho de *market share*. Sabemos que a receita foi impactada em R$ 82.000 por termos vendido uma quantidade maior do que a esperada. Sabemos também que o aumento da quantidade de vendas tem dois efeitos: oscilação do mercado e variação da participação no mercado (*market share*).

Portanto, se os R$ 82.000 foram influenciados por dois fatores e um deles foi de R$ 52.169, o outro foi de R$ 29.831 (R$ 82.000 – R$ 52.169).

Dessa forma podemos montar um relatório do desvio de receita de R$ 21.250, explicando as variáveis que o impactaram – preço e *mix* + quantidade –, em que a quantidade é explicada por dois efeitos: oscilação do mercado e variação do *market share*, que podemos visualizar na figura 28.

Resumo do capítulo

Neste capítulo, estudamos que, para fazer uma adequada análise da evolução dos relatórios financeiros de uma empresa, alguns fatores são importantes. Entre eles: variáveis macroeconômicas (inflação, taxas de câmbio etc.), evolução do mercado, mudança estrutural (fusão ou aquisição, por exemplo) e mudança em legislação contábil.

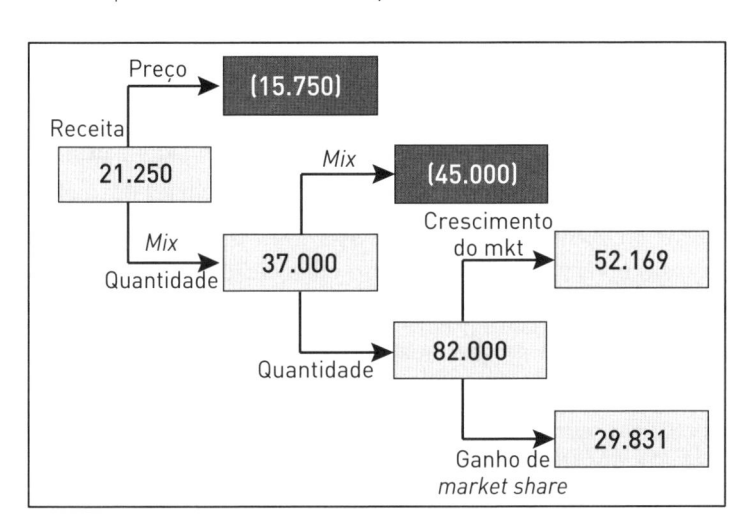

Figura 28
Impacto de todas as variações estudadas na receita

```
Preço ──▶ (15.750)
Receita
21.250    Mix ──▶ (45.000)
    Mix ──▶ 37.000    Crescimento
  Quantidade           do mkt ──▶ 52.169
              Quantidade  82.000
                         Ganho de ──▶ 29.831
                         market share
```

Revistas especializadas, que analisam a conjuntura do mercado, são excelentes ferramentas para essa análise, por exemplo, a revista *Conjuntura Econômica*, publicada pela FGV, e a revista *Exame Melhores e Maiores*, de publicação da editora Abril.

Para ajudar nessa tarefa importante, estudamos três ferramentas. Primeiramente, vimos a importância de normalizar os relatórios financeiros, ou seja, tirar os efeitos exógenos, que não são controláveis pelos gestores, da análise entre o orçado e o realizado. A normalização dos relatórios financeiros é muito importante para que os orçamentos possam ser ferramentas de controle que mantenham os colaboradores motivados na busca do atingimento dos objetivos da organização. Um orçamento bem elaborado e controlado cria congruência entre os objetivos pessoais e corporativos.

Em seguida destacamos que, quando analisamos o crescimento da empresa por alguns anos, podemos ter, por exemplo, a falsa impressão de que ela cresceu muito. Porém, se tal crescimento foi abaixo da inflação, essa empresa teve crescimento nominal, mas não teve crescimento real. Portanto, uma empresa pode ter crescido, mas ter perdido poder de compra, que foi corroído pela inflação. Portanto, fazer a análise temporal real, retirando o efeito da inflação, é uma ferramenta importante para o *controller*.

Por último, argumentamos que quando a controladoria explica as variações entre real e orçado para os executivos chefes de unidades de negócio, sendo essas pessoas responsáveis por muitos produtos, elas estão mais preocupadas com o efeito resultante de variações em todos os produtos do que com o impacto individual, sendo a variação produto a produto mais importante para, por exemplo, o gerente de um item específico.

Focamos nosso estudo na variação da receita (apesar de podermos fazer análise semelhante para custos e despesas), aprendendo a segmentar quanto da variação entre real e orçado estava associado a variação no preço, variação na quantidade vendida, variação no *mix*, oscilação do mercado e variação no *market share*.

Conclusão

A controladoria no Brasil ainda é muito pouco desenvolvida. Passamos por décadas de inflação muito alta. Em 1993, chegamos a ter inflação, medida pelo IGP-M, da FGV, de quase 2.600%, sendo este o primeiro ano antes de entrar em vigor o Plano Real, que estabilizou a economia brasileira e acabou com a escalada inflacionária. Nesse cenário, a contabilidade gerencial não agregava muito valor. Como conhecer o custo de um produto, dado que compramos insumos em momentos diferentes do tempo, com uma inflação dessa magnitude? O valor que apurávamos para o custo do produto servia quase que exclusivamente para fins tributários e não para gestão. Ao contrário, desenvolvemos nosso mercado financeiro, que é comparável ao de países desenvolvidos.

O resultado dessa situação é que a contabilidade gerencial no Brasil não se desenvolveu muito. Nossos contadores estavam se tornando grandes tributaristas. Em um país com um sistema tributário tão complexo como o do Brasil, tal habilidade é muito importante, mas estávamos deixando de lado uma habilidade essencial desses profissionais em países do Primeiro Mundo: o suporte à decisão.

Com a derrocada da inflação, em torno do ano 2000, ferramentas da contabilidade para a gestão passaram a ser muito mais valorizadas, e as áreas de orçamento, gestão de custos e controladoria das empresas começaram a se aquecer.

Se por um lado ainda não somos bons, na média, nessas habilidades, por outro é um mercado aquecido. Basta olhar o *site* de qualquer bom *headhunter* e procurar por vagas na área financeira.

Esperamos que este livro tenha contribuído no sentido de desenvolver profissionais de uma área financeira tão promissora da contabilidade gerencial: a controladoria.

Referências

ANTHONY, A. A. E. A. *Contabilidade gerencial*. 4. ed. São Paulo: Atlas, 2015.
ANTHONY, R. N.; GOVINDARAJAN, V. *Contabilidade gerencial*. São Paulo: Atlas, 2002.
ATKINSON, A. A. et al. *Contabilidade gerencial*. 3. ed. São Paulo: Atlas, 2011.
BERMUDO, V.; VERDAMATTI, R. *Controladoria estratégica e seus desdobramentos comportamentais*: a SOX como apoio e geração de valor organizacional. São Paulo: Atlas, 2015.
CONTROLADORIA GERAL DA UNIÃO (CGU). Redes sociais da CGU iniciam ação contra justificativas para pequenas corrupções. Brasília: CGU, [s.d.]. Disponível em: <www.cgu.gov.br/noticias/2015/07/redes-sociais-da-cgu-inicia-acao-contra--justificativas-para-pequenas-corrupcoeshttp://www.fiesp.com.br/noticias/custo-da-corrupcao-no-brasil-chega-a-r-69-bi-por--ano/>. Acesso em: 10 jan. 2015.
COURA, B.; PAVAN, A. *Controladoria*. Rio de Janeiro: Ed. FGV, 2014.
_____ et al. *Gestão de custos em saúde*. Rio de Janeiro: Ed. FGV, 2009.
EY. 12th Global Fraud Survey. *Growing beyond*: a place for integrity. Disponível em: <www.ey.com/GL/en/Services/Assurance/Fraud-Investigation---Dispute-Services/Global-Fraud-Survey---a-place-for-integrity---Brazil>. Acesso em: 6 jan. 2015.

FEDERAÇÃO DAS INDÚSTRIAS DO ESTADO DE SÃO PAULO (FIESP). *O custo da corrupção no Brasil.* São Paulo: Fiesp, 2010. Disponível em: <www.fiesp.com.br/indices-pesquisas-e-publicacoes/relatorio-corrupcao-custos-economicos-e-propostas-de-combate/>. Acesso em: 9 jan. 2015.

FORTUNE 500: list of America's largest corporations. *Fortune,* 2001. Disponível em: <http://archive.fortune.com/magazines/fortune/fortune500_archive/full/2001/>. Acesso em: 10 jan. 2015.

GENERAL ELECTRIC COMPANY. *2003 GE Annual report to share owners.* Charlotte, NC GE, abr. 2003. Disponível em: <www.ge.com/files/usa/commitment/social/2003_annual_report_to_share_owners.pdf>. Acesso em: 10 jan. 2015.

_____. *Relatório anual 2015.* Disponível em: <www.ge.com/ar2015/assets/pdf/GE_AR15.pdf>. Acesso em: 11 fev. 2017.

_____. *The spirit & the letter.* [s.d.]. Disponível em: <www.ge.com/br/sites/default/files/14-000413-GE_SnL_Bi-fold_A4_v19b_PTBR.pdf>. Acesso em: 10 jan. 2015.

GUERREIRO, R. *A meta da empresa.* 2. ed. São Paulo: Atlas, 1999.

INSTITUTO BRASILEIRO DE GOVERNANÇA CORPORATIVA (IBGC). *Código de melhores práticas de governança corporativa.* São Paulo: IBGC, 2009. Disponível em: <www.ibgc.org.br/userfiles/files/Codigo_Final_4a_Edicao.pdf>. Acesso em: 18 jun. 2014.

_____. *Código de melhores práticas de governança corporativa.* São Paulo: IBGC, 2015. Disponível em: <www.ibgc.org.br/userfiles/2014/files/codigoMP_5edicao_web.pdfhttp://www.ibgc.org.br/userfiles/2014/files/caderno13_web.pdf>. Acesso em: 6 jan. 2015.

KAPLAN, R. S.; NORTON, D. P. *A estratégia em ação.* Rio de Janeiro: Campus, 1997.

_____; _____. *Organização orientada para a estratégia.* Rio de Janeiro: Campus, 2001.

_____; _____. *Mapas estratégicos.* Rio de Janeiro: Campus, 2004.

REFERÊNCIAS

LUNKES, R. J.; GASPARETTO, V.; SCHNORRENBERGER, D. Um estudo sobre as funções da controladoria. *Revista Contabilidade e Organizações* (RCO, FEA-RP/USP), São Paulo, v. 4, n. 10, p. 106-126, 2010.

_____ et al. Considerações sobre as funções da controladoria nos Estados Unidos, Alemanha e Brasil. *Universo Contábil* (Furb), São Paulo, v. 5, n. 4, p. 63-75, 2009.

MARTINS, E.; ROCHA, W. *Contabilidade de custos*. 11. ed. São Paulo: Atlas, 2015.

MCDONALD'S. *Relatório anual*, 2014. Disponível em: <www.aboutmcdonalds.com/content/dam/AboutMcDonalds/Investors/McDonald's%202014%20Annual%20Report.PDF>. Acesso em: 8 jan. 2015.

MINISTÉRIO PÚBLICO FEDERAL. *10 medidas contra a corrupção*, 2015. Disponível em: <www.combateacorrupcao.mpf.mp.br/10--medidas>. Acesso em: 10 jan. 2015.

SILVA, R. L. M. da et al. Fatores condicionantes da liquidez das ações: efeitos dos níveis de governança, ADR e crise econômica. *Brazilian Business Review*, Vitória, v. 11, n. 1, p. 1-25, jan./mar. 2014.

SIQUEIRA, J. R. M. de; SOLTELINHO, W. O profissional de controladoria no mercado brasileiro: do surgimento da profissão aos dias atuais. *Contabilidade & Finanças*, São Paulo, v. 16, n. 27, p. 66-67, 2001.

TRANSPARENCY INTERNATIONAL. *Corruption perceptions index*, 2016. Disponível em: <www.transparency.org/whatwedo/publication/corruption_perceptions_index_2016>. Acesso em: 11 fev. 2017.

Autores

Betovem Coura
Doutor em administração pela Universidade da Flórida, mestre em administração pelo Ibmec, MBA em engenharia econômico- -financeira e graduado em administração pela Universidade Federal Fluminense (UFF). Possui 15 anos de experiência em multinacional farmacêutica e banco de investimentos. É professor convidado dos MBAs da FGV e lecionou na UFF. É coordenador acadêmico do MBA de Finanças, Controladoria e Auditoria da FGV e do MBA em Gestão Empresarial, coordenador acadêmico da FGV em programas corporativos de grandes empresas e coordenador acadêmico da FGV na parceria com a universidade corporativa do Serviço Brasileiro de Apoio às Micro e Pequenas Empresas (Sebrae) e do pós-MBA da FGV.

Vera Bermudo
Doutora em administração pela Universidade da Flórida, mestre em administração pelo Ibmec, MBA em engenharia econômico- -financeira pela Universidade Federal Fluminense (UFF) e graduada em administração pela Faculdade Moraes Júnior e em contabilidade pela Universidade Candido Mendes. Possui mais de 19 anos de experiência executiva nas áreas de finanças e controladoria em empresas multinacionais, tais como AT&T, Gilat,

Oticon, Embratel e General Electric (GE). É CFO para a GE na América Latina e também responsável por diversos treinamentos na região. Conselheira fiscal certificada pelo Instituto Brasileiro de Governança Corporativa (IBGC) e professora convidada do FGV Management.

Este livro foi impresso nas oficinas gráficas da Editora Vozes Ltda.,
Rua Frei Luís, 100 – Petrópolis, RJ.